Silvio Gesell

Die Anpassung des Geldes und seiner Verwaltung an die Bedürfnisse des modernen Verkehrs

Silvio Gesell

Die Anpassung des Geldes und seiner Verwaltung an die Bedürfnisse des modernen Verkehrs

ISBN/EAN: 9783742898623

Hergestellt in Europa, USA, Kanada, Australien, Japan

Cover: Foto ©ninafisch / pixelio.de

Manufactured and distributed by brebook publishing software (www.brebook.com)

Silvio Gesell

Die Anpassung des Geldes und seiner Verwaltung an die Bedürfnisse des modernen Verkehrs

Einleitung.

Die heute so oft ausgesprochene Behauptung, dass in den letzten Jahrzehnten überall in der Welt mehr Kaufleute, Landwirthe und Gewerbetreibende durch die wechselvolle Währungspolitik der einzelnen Staaten (resp. durch den Mangel einer Währung) ruinirt wurden, als durch wirthschaftliche, politische und natürliche Ereignisse, war zunächst die Veranlassung die mein Interesse den Währungsfragen zuführte; denn ich sagte mir, dass nur die völlige Beherrschung dieser Fragen mich vor kostspieligen Ueberraschungen schützen könnte.

Ob es nun angeborener Mangel an Autoritätsglauben oder die Furcht vor den Vorurtheilen, die dieser erzeugt, war, die mich veranlassten, für meine Untersuchungen auf die Anleitung anerkannter Autoritäten zu verzichten, vermag ich nicht zu sagen; Thatsache ist nur, dass ich nach dem System verfuhr, zunächst selbst mir die Theorie zu den mir bekannten Thatsachen zu suchen, die so gewonnene Anschauung in allen Theilen gründlich zu prüfen und dann schliesslich die erzielten Resultate mit denen zu vergleichen, welche in der Welt anerkannt oder diskutirt werden.

Zu diesem Vorgehen wurde ich noch ganz besonders dadurch angeregt, dass der herrschende Streit um den Bimetallismus in mir den Glauben erweckte, es müsste irgend etwas an den Grundsätzen, die Mono- und Bimetallisten zu so weitabliegenden Resultaten führen, nicht richtig sein.

Das System bewährte sich auch hier. Der Mangel an Vorurtheilen, resp. die völlige Unbefangenheit mit welcher ich an die Arbeit ging, führte mich auf geradem Wege meinem Ziele zu, ohne überhaupt auf irgend eine der zahllosen Schwierigkeiten zu stossen in welchen die Nationalökonomen verwickelt sind, und welche sie veranlassen die Währungsfrage als das verwickelste Thema der ganzen pol. Oekonomie zu erklären (Stuart Mill — Achille Loria.)

Von diesen Schwierigkeiten erhielt ich überhaupt erst dann Kenntniss, als ich das Ziel bereits erreicht hatte, d. h. als ich den Schlüssel zur Lösung dieser komplizierten Räthsel bereits in der Hand hatte. Man sagt ja, dass die Arbeit der Menschen in der Hauptsache im Niederreissen von Vorurtheilen besteht und es ist daher verständlich, dass jeder, der ohne Vorkenntnisse, ohne Schule, und daher auch ohne Vorurtheile an die Arbeit geht, einen gewaltigen Vorsprung hat.

Als einziges Material für meine Untersuchungen besass ich die Inschrift der Münzen und einen Schatz persönlicher Beobachtungen, die ich in der Praxis als Kaufmann gemacht hatte.

Natürlich musste sich die Methode, nach der ich nun vorzudringen suchte, an dies Material anlehnen.

Ich nahm also zunächst eine Münze zur Hand und frug mich: Was bedeutet die Inschrift, was ist das Geld, welche Eigenschaften hat das Geld, welchen Zweck hat das Geld zu erfüllen?

Die Antwort lautete:

Das Geld ist zunächst eine Waare, denn es wird gekauft und verkauft. Und die Eigenschaften dieser Waare? Nun, welche Eigenschaften besitzen denn die Waaren, die ich verkaufe? Keine, mit Ausnahme des Preises. Eine Waare hat für mich nur eine einzige, active, wirklich interessante Eigenschaft, — ihr Preis — alle übrigen Eigenschaften der Waare sind Ballast und da das Geld eine Waare ist und Waare bleibt, so ist auch der Preis des Geldes — die einzige Eigenschaft mit der ich mich zu befassen habe.

Der Zweck des Geldes? Beweist der Gebrauch, den wir vom Gelde machen — Kauf und Verkauf von Waaren — nicht, dass dieser Zweck in der Erleichterung des Waarenaustausches besteht, beweist der Stempel der staatlichen Münze nicht, dass es sich um eine staatliche Verkehrseinrichtung handelt?

Die Antwort: Waare — Preis — Verkehrseinrichtung unter staatlicher Controle — gab mir die Richtung an, die ich jetzt für meine Untersuchungen einzuschlagen hatte.

Ich suchte nun zuerst festzustellen, was eine Waare ist, woher die Waare stammt und welche Eigenschaften ein Gut zur Waare stempeln.

Ich fand, dass die Besitz- und Arbeitstheilung die Waare erzeugt, dass das Quantum von Waaren von der Entwicklung der Besitz- und Arbeitstheilung abhängig ist, dass die Waare dem Besitzer nur als Tauschmittel von Nutzen sein kann.

Und da das Geld eine Waare ist — muss da nicht alles was die Waare charakterisirt auch auf das Geld Bezug haben? Die Besitz- und Arbeitstheilung ist die Quelle der Waare — also auch des Geldes. Ohne Besitz- und Arbeitstheilung gäbe es keine Waare, also auch kein Geld und es besteht also zwischen der Besitz- und Arbeitstheilung und dem Gelde derselbe Zusammenhang wie zwischen Quelle und Wasser, Baum und Apfel.

Befriedigt über den Ausgang dieser ersten Untersuchung, über die ehrwürdige Solidität der Genealogie des Geldes — frug ich nun weiter: Die Besitz- und Arbeitstheilung erzeugt zwar die Waare, aber muss sie auch nothwendigerweise gerade Geld erzeugen?

Und diese Frage musste ich bejahen, denn ich fand, dass ohne Geld die Entwicklung der Besitz- und und Arbeitstheilung an den Schwierigkeiten des Austausches ihrer Produkte scheitern müsste, dass die Entwicklung des Geldwesens Hand in Hand mit der Besitz- und Arbeitstheilung geht, dass das Geldwesen und die Besitz- und Arbeitstheilung in innigster Wechselwirkung zu einander stehen.

Nun wusste ich auch, wie wichtig die Rolle ist, welche das Geld als Tauschmittel unserer Produkte spielt und wie nothwendig es ist, dass es diese Rolle auch fehlerfrei spiele. Das Geld, dachte ich nun, hat aber nur eine einzige active Eigenschaft und wenn das

Geld interessant und wichtig ist, so muss sich unser Interesse auf diese einzige active Eigenschaft, auf den Preis des Geldes concentriren. Der Kampf um die Währung, der in manchen Ländern mit so vielem Eifer geführt wird, kann sich nur um den Preis des Geldes drehen, die Währungsfragen können nur Preisfragen des Geldes sein, es kann sich bei dem Kampfe um die Währung nur darum handeln, ob das Geld billiger, theurer oder ob es fest im Preise werden soll.

Indem ich nun die Wirkung untersuchte, welche etwaige Preisdifferenzen des Geldes auf die Entwicklung der Besitz- und Arbeitstheilung ausüben müssen, fand ich, dass eine gedeihliche Entwicklung der wirthschaftlichen Verhältnisse nur dann erwartet werden kann, wenn das Geld im Preise währt, und dass das Prädikat „gutes Geld" nur auf solches Geld passt, dessen Preis fest ist oder fest gemacht werden kann. Ich fand auch, dass in Folge des Gebrauchs des Geldes als Tauschmittel des Kapitals geringe Schwankungen des Geldpreises die gewaltigsten Verschiebungen in die Vermögensverhältnisse hervorbringen müssen und dass zu diesen Verschiebungen noch Verkehrslähmung, Arbeitsnoth und Krisis eintreten muss, wenn diese Verschiebung des Geldpreises die Richtung aufwärts nimmt. Ich fand, dass ein grosser Theil der wirthschaftlichen Uebelstände, welche man heute in den allgemeinen Begriff „sociale Frage" zusammenfasst, nur Wirkung von Preisschwankungen des Geldes sind.

Nun galt es festzustellen, wie solche Preisschwankungen des Geldes zu Stande kommen, welche Bedingungen erfüllt werden müssen, um einen festen Preis des Geldes zu erzielen und vor allen Dingen einen Massstab zu schaffen, womit Preisschwankungen constatirt werden können.

Ich fand zunächst, dass der Preis des Geldes mit dem Quantum und der Qualität der dafür erhaltenen Waaren gemessen wird und dass einen allgemein gültigen Massstab für den Preis des Geldes nur der Durchschnittspreis der Waaren liefern kann.

Ich fand, dass in der Statistik, welche diesen

Durchschnittspreis zu ermitteln hat, die einzelnen Waaren nach ihrer Wichtigkeit classificirt werden müssen, damit jede einzelne Waare nur nach Massgabe der eigenen Bedeutung das Resultat beeinflussen kann. Ich fand ferner, dass für die Beurtheilung der relativen Wichtigkeit jeder Waare, nicht so sehr die Waarenvorräthe, als vielmehr deren Productionsmittel massgebend sein sollen, insofern als das Productionsmittel als ein mehrfaches des Productes zu betrachten ist.

Nachdem ich mir nach diesem Princip einen Massstab für den Preis des Geldes geschaffen hatte, konnte ich die Frage abordiren wie die Preisschwankungen des Geldes zu Stande kommen. Und hier kamen mir die Beobachtungen zu Statten, die ich auf Grund der reinen, unverfälschten, kaufmännischen Prinzipien täglich in meinem Geschäfte machte.

Ich forderte für meine Waaren so hohe Preise, wie sich überhaupt unter Berücksichtigung gewisser Interessen erzielen liessen. In der Regel standen diese Preise über dem Einstandspreis, manchmal aber auch unter demselben. In der Zeit, die zwischen Kauf und Verkauf lag, wechselten die Preise mitunter mehreremale, und ich fand, dass in dieser Preisbewegung die Willkür und Phantasie keinen Spielraum hatte, sondern dass man den Zusammenhang mit materiellen, greifbaren Ursachen immer nachweisen konnte.

Ich suchte daher nach der materiellen Unterlage der Nachfrage und des Angebots, ich suchte diese im Handel für ziemlich phantastisch gehaltenen Begriffe zu materialisiren, den Preisrichter der Waaren und des Geldes in eine controlirbare Uniform zu stecken und hatte dabei die Ueberzeugung, dass wenn mir dies gelänge, ich nicht allein die Preisschwankungen des Geldes auf ihre Ursachen zurückführen könnte, sondern auch das Mittel finden würde, um solche Schwankungen zu verhüten, um den Preis des Geldes in die unentbehrliche, feste, eherne Form zu bringen.

Um dies Ziel nun zu erreichen, musste ich vor allen Dingen die Begriffe „Bedarf an Geld" und „Angebot von Geld" materialisiren — d. h. sie von allen rein ideellen, phantastischen, speculativen Nebenbegriffen säubern. Ich musste die materielle Unterlage der Speculation finden und die sachliche Ursache der Preisschwankungen nachweisen. Dies gelang mir vollständig und ich construirte auf Grund dieser abgeklärten Begriffe eine Tabelle, worin die wichtigsten der in die Preisbewegung des Geldes eingreifenden Faktoren in zahlenmässiger, materieller, controlirbarer Form zum Ausdruck kommen. Und diese Tabelle erwies sich nun als eine wahre Fundgrube der merkwürdigsten Entdeckungen, verblüffender Thatsachen. Zunächst fand ich, dass mit dem heutigen System des Metallgeldes überhaupt gar nicht daran zu denken ist, einen festen Geldpreis zu erzielen, schon allein aus dem Grunde, weil mit demselben das Angebot von Geld sich dem Bedarf nicht willkürlich anpassen lässt. Ich fand, dass zur Erzielung eines festen Geldpreises eine sorgfältige scharfe Anpassung des Geldangebots an den aus vielen Gründen fortwährend schwankenden Geldbedarf die Grundlage bilden soll. Ich fand, dass Geld mit innerem Werthe, Geld, das in seinem Material die Eigenschaften besitzt, welche seinen Werth garantiren nicht existirt, noch existiren kann, dass der Preis des Geldes, unabhängig von seinem Material, durch den Bedarf an Tauschmitteln bestimmt wird, dass die eigentliche Garantie des Geldes (verständige und ehrliche Verwaltung des Geldes durch den Staat vorausgesetzt) in der Unersetzbarkeit des Geldes als Tauschmittel, in dem ungeheuren Nutzen besteht, den seine Verwendung dem Verkehr bietet.

Da ich mit diesem Resultate in eclatanten Widerspruch gerieth mit der öffentlichen Meinung über Geld aus werthlosem Material, (Papiergeld) so suchte ich nach den Gründen, die diesen Widerspruch erklären könnten.

Dabei fand ich sehr bald heraus, dass der Misskredit in den das Papiergeld bei der öffentlichen Meinung gerathen ist, in keinerlei Beziehung zum Material dieses Geldes steht, sondern einfach die Frucht unehrlicher, zielloser, unverständiger, leichtsinniger, unkaufmännischer Verwaltung desselben ist. Gemeiner Betrug, unterstützt von der Uebermacht des staatlichen Geldmonopols (gegen welchen auch kein Besitz irgendwelcher Art Garantie bietet), Dilettantismus und grobe Unkenntniss der einfachsten kaufmännischen Regeln — das allein kann die Ursache sein, warum sich die Papierwährung nicht bewährt hat. Von einer eigentlichen Verwaltung des Papier-Geldes, als öffentliche Verkehrseinrichtung ist überhaupt wohl nie die Rede gewesen, die Bedürfnisse des Verkehrs, resp. der Zweck des Geldes haben zurücktreten müssen vor den Bedürfnissen des Fiskus und man hat mit diesem Gelde gewirthschaftet (gewurstelt wäre der richtige Ausdruck) bis dass sich das Papiergeld in der ganzen Welt ausgewirthschaftet hat. Aber ist denn die Maschine unbrauchbar, blos weil der Maschinist unfähig ist den Mechanismus zu verstehen oder gar weil die Gefahr besteht, dass er die Maschine stiehlt? Es wäre doch eines modernen, parlamentarisch verwalteten Landes unwürdig, das Papiergeld desshalb zu verwerfen, weil man unehrlichen Missbrauch befürchtet?

Das Geld soll vor allen Dingen einen festen Preis haben und ob Papier- ob Metallgeld, so wird man diesen festen Preis nur durch genaue Anpassung des Geldangebots an den Geldbedarf erreichen. In dieser Anpassung des Geldangebots an den Bedarf besteht die eigentliche Verwaltung des Geldes, aber hat es jemals solche Verwaltung des Geldes, resp. des Papiergeldes gegeben? Warum also das Papiergeld für unbrauchbar erklären? Thatsache ist, dass das Papiergeld unbegrenzt vermehrungsfähig ist und da es in der Herstellung nichts kostet, so ist es auch unbegrenzt verminderungsfähig — Thatsache ist somit, dass das Angebot von Geld auf Grund der Papierwährung dem Bedarf an Geld sich anpassen lässt. Thatsache ist, dass wenn eine solche Anpassung stattfände, ein fester Geldpreis nicht allein erzielt, sondern erzwungen werden könnte und Thatsache ist schliesslich, dass wenn alle Länder festen Geldpreis hätten sich auch zwischen allen Ländern ein fester Wechselkurs einstellen müsste. Und was will man mehr vom Gelde als festen Preis und festen Wechselkurs?

Nachdem ich auf diese Weise die Ursache des Misscredits des Papiergeldes vom Material auf die Verwaltung dieses Geldes zurückgeführt hatte, wandte sich mein Interesse ganz der Frage zu, wie diese Anpassung des Geldangebots an den Geldbedarf am wirksamsten vorgenommen werden könnte. Bei der Untersuchung einiger mir bekannten Fälle, wo in Folge einer Krisis und Panik urplötzlich dem Verkehr ungezählte Millionen an Geld entzogen wurden um einige Wochen oder Monate darauf wieder auf dem Markte zu erscheinen, frug ich mich: Wie könnte der Staat solche ungeheuren Summen ebenso urplötzlich in den Verkehr bringen?

Diese Bedenken liessen mich eine ganze Reihe von Gegenmitteln und Mittelchen in Betracht ziehen, die ich aber alle als unwirksam zurückweisen musste, bis dass ich mit der Frage „wie kommt der Preis des Geldes zu Stande" gleich die verlorene Richtung und damit auch das einzig wirksame Mittel fand.

Was ich hier corrigiren will, sagte ich, sind die Folgen von Circulationsstörungen, was aber eigentlich zu corrigiren ist, dass sind nicht die Folgen, sondern die Ursachen dieser Stockungen. Die Geldcirculation, neben der Geldmasse der Hauptfactor in der Preisbildung des Geldes, muss wie diese unter Controle des Staates stehen und wenn Circulationsstörungen Preisschwankungen zur Folge haben, so müssen diese Störungen unmöglich gemacht werden. Der Staat, sagte ich mir, hat vor allen Dingen die Pflicht den Preis des Geldes vor Schwankungen zu bewahren, er hat die Pflicht nöthigenfalls diesen festen Preis zu erzwingen und da Regelmässigkeit in der Geldcirculation Grundbedingung für einen festen Geldpreis ist, so muss zur Verhütung von Preisschwankungen die Circulation des Geldes von der wankelmüthigen Phantasie Privater, von der Laune und Gewinnsucht der Speculateure befreit und unter Zwang gestellt werden. Nur Circulationszwang kann die für den festen Preis unentbehrliche und unersetzliche Gleichmässigkeit der Geldcirculation erzeugen.

Der Gedanke an Zwang und Gewalt war an sich

revoltirend, aber die eiserne Nothwendigkeit eines
solchen Zwanges trat mir um so klarer und deutlicher
entgegen, je mehr ich mich dagegen sträubte. Unabweisbar war die Nothwendigkeit einer Controle der
Geldcirculation, wollte man einen festen Geldpreis
erreichen und ich sah ein, dass ich mich mit dem Gedanken befreunden musste, wie man sich ja auch mit
dem Gedanken an sonstige fatalistische Ereignisse
familiarisirt.

Ich überlegte nun, dass eine Zwangscirculation
des Geldes in der Praxis einer Zwangsnachfrage gleichkam, insofern als man des Geldes sich nicht entäussern
kann ohne Waare in irgend einer Form zu kaufen.

Heureka! rief ich aus — dies ist ja gerade was
ich schon lange suchte, eine Forderung, die mein Instinkt schon so oft in der kaufmännischen Praxis stellte:
Herstellung völliger Parität zwischen Waare und Geld,
Einführung einer Compensation für den natürlichen,
materiellen Verkaufszwang dem die Producte der Besitz-
und Arbeitstheilung unterliegen durch den Kaufszwang
dem das Geld unterliegen sollte. Was brauche ich jetzt
noch mehr nach Gründen zu suchen, die den unentbehrlichen Circulationszwang des Geldes rechtfertigen
sollen. Wenn die Bedürfnisse einer geordneten Geldverwaltung diesen Circulationszwang allein nicht schon
rechtfertigen, so wird jeder für diesen Zwang mehr
als genug Begründung in der Thatsache finden, dass
das Angebot ja auch unter Druck und Zwang steht
und zwar unter materiellem, natürlichem, unabwendbarem Zwang. Der Mangel eines Circulationszwanges,
einer Zwangsnachfrage hebt ja die Parität zwischen
Waare und Geld auf und lässt unmöglich den Austausch von Aequivalenten zu.

Die Waare verdirbt; sie verliert täglich an Mass,
Gewicht und Ansehen; sie wird verfolgt von der rastlosen Production, von den Fortschritten der Technik,
die fortwährend schönere, bessere und billigere Modelle
auf den Markt wirft; gehetzt von den Lagergeldern,
gehetzt von der Feuerversicherung und Thatsache ist,
dass wenn irgend ein Kaufmann sein Waarenlager nur
ein Jahr verschliesst, er neben den Verlusten an Miethe,
Versicherung, Zins noch ebenso grosse Verluste an der

Qualität und Quantität seiner Waaren von seinem Besitz abschreiben kann. Eine Absatzstockung hat drum nothwendigerweise ein um die Neuproduction verstärktes und um den Betrag der Verluste dringenderes Angebot zur Folge und diese Absatzstockung tritt unabwendbar ein, so bald die Circulation des Geldes stockt. Der Werth des Geldes wächst daher, sagte ich mir, im umgekehrten Verhältniss zur Schnelligkeit der Geldcirculation und erreicht sein Maximum mit der völligen Circulationsstockung (Krisis.) Und Thatsache ist es ja, unbestreitbare, klare Thatsache, dass man niemals so billig kauft wie in den guten Zeiten schwerer Krisen.

Dies sagte ich mir, ist doch ein völlig anormaler, ungesunder Zustand. Mit solcher Disparität zwischen Angebot und Nachfrage öffnen wir ja der Speculation, dem Schwindel und dem Wucher die Thür und das Thor.

Das Geld verdirbt nicht; aus Edelmetallen hergestellt, welche dem Zahn der Zeit auf das wirksamste widerstehen, schützt es seinen Besitzer vor Verlusten. Es wird dadurch, und weil keine Neuproduction an Geld zu befürchten ist, möglich das Geld dem Verkehr zu entziehen, die Nachfrage zu verschieben — ohne einen anderen Nachtheil als den Zinsverlust. Aber eine Verschiebung des Angebots von Geld bedeutet eine Absatzstockung der Waaren und eine Stockung im Absatz bedeutet Preistall — Preisfall, der, wie man sich in Zeiten solcher Bedrängniss überzeugen kann, den Zinsverlust am Gelde 100mal compensirt.

Dies geht doch unter keinen Umständen und wenn mich anfänglich der Gedanke an Druck und Zwang revoltirte, so that dies jetzt der Mangel eines solchen Zwanges. Die Befestigung des Geldpreises forderte gebieterisch den Circulationszwang des Geldes und das Bedürfniss völliger Parität zwischen Angebot und Nachfrage, völliger Aequivalenz zwischen Waare und Geld stellte genau dieselbe Forderung, womöglich mit noch grösserem Nachdruck.

Es konnte sich also jetzt nur mehr drum handeln

— wie man diesen Circulationszwang des Geldes am
besten erzielen könnte.

Ich fand, dass man diesen Zwang erreichen könnte,
wenn man statt der Edelmetalle irgend eine andere
xbeliebige Waare, z. B. Weizen, Eisen als Geld einführte
— denn alle diese Waaren sind ausnahmlos der Zerstörung durch die Elemente der Natur unterworfen,
ihre Production wächst, wenn ihr Preis steigt, Kosten,
Lagergeld etc. Es besteht für sie alle ein natürlicher,
Verkaufszwang, der ja dem Circulationszwang gleicht.
Aber ich verwarf den Gedanken alsbald wegen der
Belästigung, die der Ballast solchen Geldes für den
Verkehr mit sich führen würde. Ich sagte mir: es ist
ja nicht der Verlust am Gewichte, am Maass und am
Ansehen, der dem Inhaber den Verkaufszwang auferlegt, sondern der Verlust am Werthe und dass nicht
der Verlust am Ballaste des Geldes den Circulations-
zwang herstellen könnte, sondern nur allein der tägliche
Verlust am Werthe des Geldes. Das Ende dieses Ge-
dankens war daher ein Geldbrief mit stetig auf Kosten
des Inhabers abnehmendem Werthe.

Gross und stetig wachsend war nun meine Ueberraschung, als ich daran ging die Wirkung zu prüfen,
die die Einführung eines solchen Geldes auf den Verkehr ausüben musste.

Ich verfolgte mit meinen Untersuchungen den
Zweck meine Interessen vor Gefahren zu schützen, die
ihnen aus den Währungswirren erwachsen konnten und
machte dabei eine der sonderbarsten und weittragendsten
Entdeckungen. Ich suchte Licht für meine kaufmännischen Handlungen und fand dabei gänzlich unbeabsichtigt die Wurzel eines 1000 armigen Schlingge-
wächses, des gefrässigsten Parasiten unserer Gesellschaft.

Ich fand nämlich, dass mit der Einführung der
Zwangscirculation des Geldes resp. eines der Waare
paritätischen Geldes, eine ganze Reihe socialer Missstände, die man heute einzeln vergeblich zu bekämpfen
sucht, mit der Wurzel ausgerottet würden und konnte
den directen Nachweis liefern, dass der uralte, tief in
der Volksseele steckende Glaube, dass etwas faul am

Gelde ist, nicht auf Täuschung beruht. Ich vermochte den directen und indirecten Nachweis zu liefern, dass unser jetziges, aus Edelmetallen, resp. Fremdkörpern dieser Erde hergestellte Geld die materielle Basis liefert für den Schwindel, die Speculation und den Wucher, mit allem was drum und dran hängt, dass die Wurzel wenn nicht „der" so doch vieler socialer Fragen in organischen Fehlern des Metallgeldes steckt.

Und da nun einmal die Lösung der socialen Frage das Endziel aller modernen Untersuchungen zu sein scheint, so fanden auch die meinigen hier ihren natürlichen Abchluss.

Nun wollte ich wissen, warum mich der von mir eingeschlagene Weg so weit abgeführt hatte von dem jetzigen Gelde und seiner Verwaltung, welche ich als die Quintessenz der Wirthschaftslehre hielt; ich wollte den Kreuzweg suchen, der mich von der Heerstrasse der politischen Oeconomie abseits geführt hatte.

Ich verschaffte mir deshalb die Werke der bekanntesten Autoren (Adam Smith, „Inquiry into the causes etc.", Chevalier „La Monnaie", Leroy Beaulieu, „Science des Finances", Laveleye „Le Bimétalisme", Karl Marx „Das Capital", Bamberger „Reichsgold". Achille Loria „Studii sul valore della moneta" etc. und den Kreuzweg fand ich gleich zu Anfang in Folgendem:

1) Als Quelle der Waaren wird die Arbeitstheilung allein angegeben; die Besitztheilung, als Erzeugerin von Waaren, wird entweder gar nicht oder nur ganz flüchtig erwähnt, was zur Folge hat, dass als einzige Ursache des Werthes die Arbeit betrachtet wird.

2) Der Character der Waare wird nicht erschöpfend beschrieben. Von dem Verkaufszwang für die Producte der Besitz- und Arbeitstheilung wird nur hie und da oberflächlich Erwähnung gethan. Der Umstand, dass das Angebot von Waaren niemals um einen einzigen Tag ohne Verluste verschoben werden kann, wird überhaupt ganz übersehen.

Es ist natürlich, dass bei Besprechung der Bedingungen, welche zu einem guten, zweckdienlichen Gelde sich vereinigen müssen, im Einklang mit diesen unvollständigen Theorien einerseits Forderungen gestellt werden, die gar nicht nothwendig sind, andererseits Forderungen unterlassen werden, die wesentlich sind für ein brauchbares Tauschmittel.

Da die Waare und somit auch der Werth als ausschliessliches Produkt der Arbeit betrachtet wird, so fordert man natürlich vom Gelde, dass es Arbeit verkörpere und übersieht, dass die Besitztheilung (hier also das Staatsmonopol) die Arbeit in der Function der Werthertheilung sehr oft ersetzt.

Thatsache ist, dass der Werth das Produkt mehrerer Factoren ist, unter denen die Arbeit häufig ganz verschwindet (Bodenbesitz, Patente, Privilegien, Concessionen, Monopole etc.)

Uebrigens haben die Arbeitsprodukte nicht gerade desshalb „Werth", weil die Arbeit das Eigenthumsrecht auf das Product ertheilt?

Hier also lag der Hund begraben. Das Eigenthumsrecht — aus welcher Quelle dieses Recht auch fliessen mag (Besitztheilung, Arbeit, Monopol, Privileg, Gewalt) — bildet zusammen mit der Nachfrage die Grundlage des Werthes und wenn wir Geld fabriciren wollen, so brauchen wir nur zu fordern, dass das Eigenthumsrecht gewahrt bleibe und dass die Nachfrage für Geld (Tauschmittel) nicht durch andere Tauschmittel (fremdes Geld) gedeckt werde.

Für beides sorgt die Staatsgewalt durch Aufrechterhaltung ihrer Monopolrechte.

Ueberall, wo Waare erzeugt wird — wo die Besitz- und Arbeitstheilung eingeführt ist, herrscht auch Bedarf an Tauschmitteln resp. Nachfrage für Geld und diese Nachfrage ist gänzlich unabhängig von dem Material des Geldes. Das Geld wird gekauft seines Nutzens wegen, den es dem Waarenerzeuger als Tauschmittel bietet. Als Vermittler des Waarenaustausches ist das Geld die weitaus nützlichste aller Waaren, keine Waare ist so unersetzlich wie das Geld; keine Waare, selbst die Lebensmittel nicht, erfreut sich einer solch soliden, garantirten Nachfrage wie das Geld. Besteht doch die Garantie des Geldes in den Waaren, die dem Markte zugeführt werden.

Auch dies ist von den Volkswirthschafts-Lehrern entweder gar nicht anerkannt oder doch in seiner wahren Bedeutung verkannt worden. Den Bedarf an Geld führen sie auf den Bedarf an Gold und Silber zurück; die Garantie für den Werth des Geldes suchen sie nicht in der Unersetzlichkeit des Geldes als Tauschmittel, in dem dauernden Geldbedarf der Waarenproduction, sondern in dem Werthe, den der Bedarf an güldenem Flitter dem Golde und Silber ertheilt. Nicht der Bauer und Handwerker garantiren mit ihren Producten die Verkäuflichkeit des Geldes, sondern die geputzten Dämchen und Einfaltspinsel, die auf unseren Promenaden spaziren.

Daher auch die naive Forderung, dass das Geld aus einem nützlichen Material hergestellt werden soll; daher auch die seichte Ansicht, dass das Material des Geldes dessen Werth garantirt!

Die Garantie, die wirksame, nie versagende, unzerstörbare, Garantie des Geldes liegt (eine ehrliche Monopolverwaltung vorausgesetzt) in dem Nutzen und in der Unentbehrlichkeit des Geldes als Tauschmittel; seine Material-Eigenschaften haben für seinen Werth nicht mehr Bedeutung, wie die Fische im Suez-Canal für die Aktien dieses Unternehmens.

Der Theorie, welche den Werth auf die Arbeit allein zurückführt und der Verkennung der Thatsache, dass der Nutzen des Geldes und demzufolge auch dessen Bedarf von seinem Gebrauch als Tauschmittel allein abhängig und unabhängig von seinem Material ist, haben wir unsere Metallgeldwirthschaft zu verdanken, haben wir auch zu verdanken, dass die Lösung der nationalen und internationalen Währungsfragen nur auf Grund dieses Geldes erörtert wird.

Dieser unvollständigen und darum falschen Theorie und dieser unverständlichen Verkennung offen zu Tage liegender Thatsachen haben wir es zu verdanken, dass die Währungsfragen in einem Sumpfe von Widersprüchen im Kreise herum getrieben werden und dass wir heute nach 25 Jahren leidenschaftlicher Erörterungen, weiter vom Ziele entfernt sind, als zu Anfang derselben.

Und diesem Produkte der Unwissenheit haben wir es auch schliesslich zu verdanken, dass man bis heute noch nicht zu der Erkenntniss gelangt ist, dass wir in den chronischen und akuten Wirthschaftskrisen, in dem Arbeitsmangel, in der Existenz der grossen Arbeiter-Reserve, in der chronischen Ueberproduction an Waaren und der ebenso chronischen Unterproduction an Capital, in der Trägheit, Unsicherheit und Kostpieligkeit des Waaren- Austausches etc. weiter nichts als Währungsfragen vor uns haben, dass ein grosser Theil der in dem bequemen Begriff „soziale Frage" zusammengefassten wirthschaftlichen Anomalien in der Lösung der Währungsfragen ihre Beseitigung findet.

Und diesem seichten Produkte, sonst doch fast langweilig gründlicher Gelehrsamkeit, haben wir auch die Thatsache zu verdanken, dass man bis heute den Kernpunkt der Währungsfragen — die Herstellung völliger Parität zwischen Waare und Geld — noch nicht erkannt hat.

Traurig ist es, aber wahr, dass die Forderung, die ich in dieser Schrift verfechte — Herstellung einer Zwangsnachfrage als Compensation für das natürliche, materielle Zwangsangebot — heute, Ende des XX. Jahrhundert, noch vollständig neu, und zwar so neu ist, dass ich befürchten muss, dass die Forderung für die Menge noch zu neu sein wird.

S. G.

I. Theil.

Die Lösung der nationalen und internationalen Währungsfragen

auf Grund der Papierwährung.

Die Unterscheidung zwischen Geld und Geldmaterial.

Wenn die Inschriften der Münzen den Zweck haben, uns über das, was die Münzen vorstellen, zu unterrichten, so muss man sagen, dass man sich die Arbeit leicht gemacht hat. Diese Inschriften lauten „10 Mark, oder 10 Francs, 10 Pesetas" etc. und wer nicht die nöthige Begriffskraft hat, um aus diesen Worten das Wesen des Geldes zu erkennen, dem werden — die Randbemerkungen der Münzen: „Mit Gott" oder „Egalité, Liberté et Fraternité" etc. von wenig Nutzen sein.

Vergleicht man die Inschrift der heutigen deutschen Münzen mit derjenigen der alten preussischen Thaler, so fällt auf, dass die Angabe des Gewichtes an Feinmetall, die diese trugen, bei jenen weggelassen worden ist. Warum? Mit der Streichung dieser Gewichtsangabe hat man doch einen Zweck verfolgen müssen und dies muss man umso eher annehmen, als die Gewichtsangabe in vielen Fällen von wirklichem Nutzen sein kann.

Ich gestehe nun, dass die Angabe des Gewichts, in der Fassung, wie sie der preussische Thaler trug, zu vielen Fragen Anlass geben kann, die auf Grund der heute herrschenden Geld-Theorien nicht beantwortet werden können und dass durch Streichung dieser Gewichtsangabe aus den neuen Münzen man die Gefahr umgangen hat sich in Widersprüche zu verwickeln. Ein Beweis von Muth und Kraft liegt nicht in dieser Taktik, aber es war jedenfalls klug gehandelt. Wenn „30 ein Pfund Fein", dann muss auch ein Pfund Fein gleich 30 sein, und der Begriff „Thaler" wird durch solche Inschrift zu einer einfachen für das Silber reservirten Gewichtseinheit.

Wenn aber ein Pfund Fein gleich 30 ist; wenn eine Münze mit einem bestimmten Gewicht Silber identisch ist (laut Inschrift), wie kann man dann das Silber entmünzen, wie kann man den 30. Theil von einem Pfund Fein vom Begriffe „Thaler" trennen, wie kann man von einem Begriffe zwei machen (Thaler und Silber)? Vor dem Jahre 1872 waren „30 ein Pfund Fein" und jetzt nicht mehr. Wenn das Letztere möglich ist (und es ist Thatsache), dann ist das Erstere nie wahr gewesen, und die Inschrift des Thalers spiegelte uns etwas als einen Begriff vor, was von jeher zwei Begriffe waren — der Thaler und sein Material, der 30. Theil von einem Pfund Feinsilber.

Die Inschrift des Thalers identificirte diesen mit seinem Material — die Entmünzung des Silbers zeigte uns, dass im Thaler zwei Begriffe enthalten waren. Die Entmünzung des Silbers trennte zwei Begriffe, die bis dahin verschmolzen waren und bewies, dass wenn auch 30 ein Pfund Feinsilber wiegen, dennoch 30 nicht als ein Pfund Feinsilber betrachtet werden können. Während vor 1872 der Ausdruck „Thaler" die Vorstellung eines Quantums Silber erweckte, wird durch die Entmünzung des Silbers der Thaler zu einem selbstständigen von dem Material dieser Münze unabhängigen Begriff.

Vor der Entmünzung des Silbers stiess die Definition die Chevalier von der Münze gab *) auf keinen Widerspruch; die Entmünzung des Silbers zeigte, dass, wenn auch Metallbarren als Material zur Herstellung von Münzen Verwendung finden, Metallbarren desshalb doch noch keine Münzen sind.

Chevalier übersah, dass die freie Silberprägung, welche ja in der Praxis die Münzen zu Metallbarren und die Metallbarren zu Münzen macht, ein Gesetz, ein staatliches, von der Willkür der Parlamente abhängiges Gesetz zur Unterlage hat. Er übersah, dass der Thaler in erster Linie das Produkt der Gesetzgebung

---

* Chevalier »La Monnaie» p. 39. Die Münzen sind Metallbarren, deren Feingehalt durch den Stempel angegeben wird.

ist und dass das Silber nur das Material, nichts als das willkürlich gewählte Rohmaterial des Thalers war. Und was auf den Thaler Bezug hat, findet Anwendung auch auf seinen Nachfolger — die Mark D. R. W. Die freie Goldwährung, welche auch heute in der Praxis die Münze mit ihrem Material identificirt, ist das Produkt der Gesetzgebung. Sie kann alle Tage umgestossen werden, falls es sich herausstellt, dass die Voraussetzungen, auf welche sie begründet wurde, nicht mehr zutreffen. Wenn aber dieser Fall eintreten würde — die Aufhebung der freien Goldprägung — welche Beziehungen hätte dann noch das Gold zu unserem Gelde? Doch nur mehr die eine — dass es als Material zur Herstellung des Geldes gebraucht wird — d. h. dieselbe Beziehung, die zwischen Ziegelstein und Haus, Rupie und Silber, Pflug und Eisen besteht. Jeder Schimmer einer Identität des Geldes und seines Material, würde vergehen und der Unterschied der zwischen der Mark D. R. W. und dem Golde besteht ebenso handgreiflich werden, wie der Unterschied zwischen Hut und Stroh.

Wir haben demnach scharf zu unterscheiden zwischen Geld und Gold. Die Mark, oder die deutsche Wertheinheit ist das Produkt der Gesetzgebung und steht unter dauernder Controle des Gesetzes. Das für diese Wertheinheit greif-, sicht- und übertragbare Zeichen hat man aus Gold, Silber, Nickel, Kupfer und Papier gemacht.

Beides — Geld und sein Material — können niemals identificirt werden, denn zwischen beiden liegt das Gesetz, welches beide heute vereint, beide aber morgen trennen kann.

Dieser Unterschied zwischen Geld und seinem Material hat von jeher bestanden. Latent bestand er zur Zeit der freien Silberprägung, latent besteht er auch heute in der freien Goldprägung. Aber für Jeden sichtbar machte den Unterschied die Aufhebung der freien Silberprägung; ebenso erkennbar muss er auch heute für Jeden sein, der aus der Entmünzung des Silbers die Erkenntniss zieht, dass die Privilegien des Geldes an keinem Metall haften sondern durch Gesetz von einem Material auf das andere übertragen werden können.

Entspricht nun die Inschrift unseres Geldes diesem Sachverhalt; ist der Sinn dieser Inschrift ebenso klar, wie die Erkenntniss deren Dictat die Inschrift ist oder wenigstens sein soll; hebt die Inschrift unserer Münzen die Unabhängigkeit des Begriffes „Mark" von seinem Material hervor — oder erkennt sie diese Unabhängigkeit wenigstens an?

Wenn es so wäre — wie erklärte sich die Inschrift unserer Kassenscheine: Die Bank z a h l t dem Inhaber bei Sicht 100 Mark d. R. W.? Was heisst „zahlen"? Unter „zahlen" versteht man hier Lieferung von so und so vielen Mark in Gold und der Gebrauch dieses Ausdrucks lässt erkennen, dass die Geldbriefe überhaupt nicht als Geld, sondern nur als Lieferscheine, Schuldscheine, Creditpapiere angesehen werden, dass der offizielle Begriff „Mark" verwachsen ist mit einem Goldbarren.

Die Kassenscheine, die Banknoten, sind aber thatsächlich Geld, efectives Geld, Geld so gut wie das goldene, silberne. kupferne und nickel Geld. Es sind keine Schuldscheine für die der Staat Zinsen zahlen muss, sondern es ist Geld für welches der Staat Zinsen einnimmt.

Creditpapiere hören auf überhaupt zu existiren, sie verschwinden vom Markte, sobald sie keine Zinsen tragen; von Creditpapieren aber, welche dem Gläubiger Zinsen kosten und dem Schuldner Zinsen einbringen, spricht auf dem Erdenrund und in der Weltgeschichte nur die Inschrift der Banknoten, der Kassenscheine, des Papiergeldes.

Die Praxis macht das Papiergeld zu Geld; sie hebt die Banknoten, Kassenscheine etc. aus der Kategorie der Creditpapiere heraus (Beweis die Einnahmen, welche dem Staate aus dem Emissionsrechte erwachsen), die Theorie stösst dies Geld wieder zurück in die Klasse der Schuldscheine (Beweis die Inschriften der deutschen, französischen, englischen etc. Banknoten).

Was soll diese Auflehnung gegen die Macht der Thatsachen? Oder sind die Geldbriefe den Thatsachen zum Trotze und einer Theorie zu Liebe doch Schuldscheine? Dann werden die Millionen, die der Staatskasse aus dem Emissionsrechte zufliessen, wohl auch aus Liebe zur Theorie bezahlt!

> Anm. Wenn das Papiergeld (resp. die Privilegien, die das Papier zu Geld machen) keinen selbstständigen Werthgegenstand vorstellen, sondern nur als Vertreter eines solchen — als Creditpapier — angesehen werden, wie erklärt sich die Thatsache, dass diese Papiere, obschon sie keine Zinsen tragen, nicht amortisirt werden und keine materielle Garantie haben, regelmässig bessere Preise erzielen, als die von demselben Staate emittirten, zinstragenden, amortisirbaren Schuldtitel — sogar höhere als die Pfandbriefe?

Die Begriffe über Werth und Geld, deren Exsudat die Inschrift unseres Geldes ist, müssen noch sehr unreif sein. Zu einer klaren und scharfen Trennung der beiden Begriffe Geld und Geldmaterial, Werth und Gewicht, ist man noch nicht gelangt. Anders erklärt sich der Widerspruch nicht, der in der Streichung der Gewichtsangabe der Metallmünzen und in dem Gebrauche des Ausdruckes „zahlen" in der Inschrift der Geldbriefe zu Tage tritt.

Sind nämlich Geld und Geldmaterial zwei selbstständige, trennbare Begriffe; steht der Werth des Geldes, wie die Wahl des Geldmaterials, unter Controle des Staates, so soll das Papiergeld keine andere Inschrift tragen wie das Metallgeld. Das Wort „zahlen" soll aus dem Geldbriefe gestrichen werden und an dessen Stelle „sind" gebraucht werden.

„Dies sind 100 Mark" soll die Inschrift der Banknoten — den Thatsachen zu Liebe und den Theorien zum Trutze — lauten.

Das Papier, wie das Gold, das Silber, das Kupfer und Nickel sind ja nur Material zur Herstellung des Geldes; alle diese verschiedenartigen Geldsorten sind ja den Geldprivilegien gegenüber gleichberechtigt — sie sind gegenseitig auswechselbar. Sie stehen alle unter Controle des Staates, sie stellen alle nur die materiellen, greifbaren Zeichen zu der deutschen Wertheinheit. Man kann nicht Papiergeld mit Metallgeld z a h l e n, man kann nur Papier und Gold als Aequivalente wechseln.

Diese Trennung des Werthes und seines Trägers, des Geldes und seines Materials ist für die Bewältigung des Materials, welches wir zu verarbeiten haben — Grundbedingung. Für Manchen, der nicht National-Oekonom von Beruf, resp. Kaufmann ist, der nicht jahrelang „Werthe" gehandelt, mit „Werthen" gearbeitet hat, wird die Unterscheidung des Werthes und seines Trägers jetzt noch einige Schwierigkeiten bieten. Aber im Verlaufe dieser Untersuchungen wird der Begriff „Werth" noch von so vielen Seiten beleuchtet werden müssen, dass mit der grösseren Vertrautheit mit dieser kaufmännischen Kraft auch die Erkenntniss zum Durchbruch kommen muss, dass der Werth selbstständig ist, wie die Kräfte der Natur, die unabhängig vom Stoffe, dennoch desselben bedürfen, um sicht-, fühl- und übertragbar zu sein,

Die Unentbehrlichkeit des Geldes.

Wir verdanken es der Arbeitstheilung, dass wir mehr produziren als consumiren und dadurch Capital bilden können. (Adam Smith.) Ohne die Arbeitstheilung wären wir niemals zu dem heutigen Capitalreichthum gelangt und ohne Capital würden in Europa kaum 10 % der heutigen Bevölkerung ein kümmerliches Dasein fristen können. Neun Zehntel der heutigen Bevölkerung verdankt also der Arbeitstheilung überhaupt die Existenz. Ohne die Arbeitstheilung wäre der grösste Theil der Bevölkerung im harten Kampf um's Dasein aufgerieben, resp. am Geborenwerden verhindert worden.

Die Arbeitstheilung liefert als Produkt die Waare, d. h. ein Gut, das dem Erzeuger selbst nur als Tauschobjekt dient und zum directen Verbrauch nutzlos ist. Der Tischler könnte z. B. den Sarg nur als Leiche selber benutzen und der Lehrer könnte aus seinen Kenntnissen keinen Vortheil ziehen, wenn er für den Unterricht nicht Käufer fände.

Die Waare muss verkauft werden, resp. das charakteristische Zeichen der Arbeitstheilung ist der Verkaufszwang, der über ihrem Produkte lagert, und alle Güter, die dem Verkaufszwang unterliegen, sind als Waaren zu betrachten. Es gibt ja auch Güter, die nur bedingungsweise verkauft werden müssen, aber dann sind es auch nur bedingungsweise Waaren und die Arbeit, die solche erzeugt, hat dann auch nicht die absolute Form der Arbeitstheilung, welche heute fast in allen Gewerben durchgeführt ist. So z. B. kann der kleine Bauer seinen Ueberschuss an Kartoffeln oft selber im Haushalt verwerthen, aber auf einem grossen Gute ist dies nicht möglich.

Für die grosse Masse von Waaren ist daher der Verkaufszwang bedingungslos und in der Industrie und den sogenannten freien Berufen ist dieser Zwang sogar ausnahmslose Regel. Daher stockt ja auch die Production, sowie im Absatz eine Störung eintritt. Unverkäufliche Waaren sind dem Besitzer ja gänzlich nutzlos.

Nun vermittelt aber den Absatz der Waare das Geld und von der Existenz dieses Tauschvermittlers wird die Verkäuflichkeit der Waare abhängen.

Es ist zwar in der Theorie nicht unmöglich die Waaren ohne Geld auszutauschen, aber in der Praxis ist ein solcher Tausch so umständlich, kostspielig und zeitraubend, dass man den Verkaufszwang gegen Geld, dem die Waaren unterliegen, als ein untrennbares Attribut der Waare betrachten darf. Das Geld ist unentbehrlich.

Und man merke wohl hier. Was hier als unentbehrlich erscheint, das ist nicht das Gold sondern das Geld, nicht das Material sondern der Werth des Geldes. Was der Waareninhaber im Gelde sucht, das ist das Tauschmittel, d. h. das Mittel, welches ihm den Tausch seiner Produkte gegen andere erleichtern soll. Welcher Art die materiellen Eigenschaften des Geldes sind, ist dem Waareninhaber gleichgültig — er sucht im Gelde nur den „Werth"; aus dem Material des Geldes zieht er ja doch keinen Nutzen. Dies Material ist für ihn nur Ballast — und je weniger Ballast das Geld mit sich schleppt, desto lieber ist ihm das Geld. Daher die Vorliebe für das Gold, daher auch der Auspruch Ricardo's: „Das vollkommene Geld ist von Papier." Warum? Weil Papiergeld weniger noch als Gold Ballast mit sich schleppt.

Für die scharfe Unterscheidung zwischen Geld und Geldmaterial ist es von Nutzen, wenn wir uns keine Illusionen machen über das was am Gelde unentbehrlich ist. —

Die Unentbehrlichkeit des Geldmonopols.

Die Unentbehrlichkeit des Geldes für die Arbeits- und Besitztheilung ist allgemein anerkannt und man sagt, dass dieser Unentbehrlichkeit wegen die Staaten zur Monopolisirung der Geldfabrikation geschritten sind. Dies ist aber nicht ganz richtig.

Es giebt ja sonst im Leben so manches, was unentbehrlich ist und doch nicht vom Staate monopolisirt worden ist. Warum also gerade beim Gelde die Unentbehrlichkeit als Grund angeben, warum der Staat die Geldfabrikation monopolisiren soll?

Nein, was zur Monopolisirung der Geldfabrikation durch den Staat geführt hat resp. führen musste, das ist nicht die Unentbehrlichkeit des Geldes, sondern die Unentbehrlichkeit dieses Monopols.

Die Verkehrsmittel bedürfen ja überhaupt sämmtlich der centralisirten, staatlichen, vom Standpunkt des öffentlichen Interesses aus geleiteten Verwaltung, aber diese Nothwendigkeit ist nirgendwo so einleuchtend wie beim Gelde. Wenn der Bau der Strassen und Brücken der Privatindustrie überlassen würde und man statt einer Strasse 2, 5, 10 baute, so wäre dies ein ökonomischer Fehler, eine Kapitalverschwendung, aber der Verkehr an und für sich dürfte von dem Bau so vieler Brücken unter Umständen sogar eine Erleichterung erfahren. Wenn wir aber die Geldfabrikation dem Staatsmonopol entziehen und jedem erlauben sein eigenes Geld herzustellen, so würde diese Pluralität der Geldsorten einer Vernichtung des Geldes in der Praxis gleichkommen. Auf welche Schwierigkeiten stossen schon in der Circulation die fremden Münzen? Jetzt denke man sich die volle, schrankenlose Gewerbefreiheit auf die Geldfabrikation übertragen? Denke man sich den Fall, dass man neben 5, 10, 15, 20, 24- karätigen Goldmünzen und ebenso vielartig legirten Silbermünzen noch solche aus Eisen, Kupfer, Muscheln, Thee, kurzum aus allem was bisher schon als Geld gedient hat, auf den Markt werfen würde? Es ist wohl nicht nöthig diesen Gedanken zu verfolgen, um sich von der unabweisbaren Nothwendigkeit des staatlichen Monopols in der Geldfabrikation zu überzeugen.

Nirgends jedoch tritt die Unentbehrlichkeit des Staatsmonopols im Geldwesen so klar zu Tage wie in den zahllosen Fällen, wo dies Monopol vom Staate zur Ausbeutung des Volkes, oder als Mittel, den Staatsfinanzen zu Hülfe zu kommen, benutzt wurde. Schutz- und widerstandslos mussten sich die Völker von den Monopolinhabern das Fell über die Ohren ziehen lassen, denn wenn das Geld unentbehrlich ist, so ist es auch das Geldmonopol.

Wenn im Mittelalter die Raubritter eine Strasse besetzt hielten und die vorüberziehenden Kaufleute ausplünderten, so konnten sich diese dadurch retten, dass sie einen anderen Weg einschlugen, aber wenn die Raubritter das Geldmonopol besetzt halten — so bleibt nichts anderes übrig, als den verlangten Tribut zu bezahlen, denn die Natur des Geldmonopols schliesst jedes Concurrenzunternehmen aus.

Das Staatsmonopol ist eben Vorbedingung für die Existenz des Geldes. Geld ohne Monopol ist undenkbar.

Bei Völkern, die noch nicht zu einem eigentlichen Staatsgebilde gelangt sind, da ersetzt die Macht der Gebräuche, die Macht des Staates. Die Nothwendigkeit des Staatsmonopols führt hier zur Einführung fester Gebräuche, die ja in der Praxis dieselbe Rolle spielen, wie das geschriebene, staatliche Gesetz. Die Form ist anders, das Wesen ist das gleiche.

Die zwingende Macht der Verhältnisse, die Unentbehrlichkeit des Geldes neben der Unentbehrlichkeit gesellschaftlicher Ordnung des Geldwesens hat zu festgewurzelten Gebräuchen geführt, die, was Unbiegsamkeit und Impositionskraft anbetrifft, den Gesetzen geordneter Staaten in nichts nachgeben.

Der Ausdruck „Gebrauch" giebt übrigens das, was in solchen Verhältnissen steckt, nicht getreu wieder. Wenn es „Gebrauch" bei den Negern ist, sich in Trauerfällen weiss zu bemalen, wenn es „Gebrauch" bei den Deutschen ist, zu Neujahr geschmolzenes Blei in's Wasser zu giessen, dann kann man es nicht mehr „Gebrauch" nennen, wenn die Franzosen essen, wenn sie Hunger verspüren, wenn ein Stein zu Boden fällt, den man in die Luft wirft, wenn der Soldat Waffen trägt, sobald er in den Krieg zieht, wenn der alte Neger seine Hirse gegen Muscheln verkauft, die sonst nur von der eitlen Jugend zum Schmuck getragen werden.

Es steckt hier mehr dahinter, als ein „Gebrauch": es ist natürlicher, materieller Zwang.

Es ist „Gebrauch" Tabak zu rauchen, Thee zu trinken, sich mit Muscheln zu schmücken, aber für den Amerikaner war es Gesetz, materieller Zwang, seine Felle gegen Thee zu verkaufen, den er selbst vielleicht nie brauchte, wie es für den Neger Zwang war eitle Muscheln zu kaufen, und wie es heute noch für unseren armseligen Bauer Zwang ist Gold und Silber zu kaufen, trotzdem er nicht einmal über die Mittel verfügt Kalk zum Uebertünchen seiner vier Wände zu kaufen.

Die Benutzung des Thee's, der Muscheln, des Goldes als Genuss- und Putzmittel war facultativ, die Benutzung derselben Gegenstände als Tauschmittel war durch den, zum Gesetz gewordenen Gebrauch, obligatorisch für Jeden der Waare verkaufte.

Der Unterschied zwischen Geld und Geldmaterial liegt hier bereits ganz offen zu Tage: die Nachfrage für Thee, Muscheln, Tabak, Gold — als Genussmittel ist so gross wie der Bedarf; die Nachfrage dagegen für diese Waaren als Tauschmittel ist gänzlich vom Genussbedürfniss unabhängig und richtet sich nach dem Vorrath an Waaren, die auf den Austausch harren.

Gesichtspunkt von welchem aus der Staat das Geldmonopol verwalten soll.

Der Nachweis, dass für das Geldwesen das Staatsmonopol unentbehrlich ist, wirft nun gleich die Frage auf: Welche Grundsätze müssen bei der Verwaltung dieses Staatsmonopols obwalten, von welchen Gesichtspunkten aus muss das Geldmonopol verwaltet werden?

Der Zweck des Geldes selber muss uns diese Frage beantworten.

Das Geld hat den Zweck den Waarenaustausch zu vermitteln, resp. zu erleichtern, sagte schon Aristoteles, sagte auch Adam Smith und sagen heute einstimmig alle National-Oekonomen. Hierüber herrscht keine Meinungsverschiedenheit und die Bedürfnisse des Waarenaustausches sind es also — wie aus dieser niemals angetasteten, übrigens auch unantastbaren Wahrheit deducirt werden kann — welche dem Staate die Verwaltungsmassregeln dictiren sollen.

Und diese Bedürfnisse sind kurz gefasst folgende: Schnelligkeit, Sicherheit und Billigkeit — d. h. genau dieselben Bedürfnisse, welche der Producent auch beim Transport seiner Waaren empfindet.

Der Austausch der Waaren, den das Geld zu vermitteln hat, soll schnell, sicher und billig von Statten gehen und je schneller, sicherer und billiger das Geld diesen seinen einstimmig anerkannten Zweck erfüllt, desto besser ist das Geld, resp. seine Verwaltung.

Der Staat hat in der Handhabung des Monopols alle Massregeln zu ergreifen, welche als geeignet erkannt werden, den Waarenaustausch zu beschleunigen, zu verbilligen und zu sichern.

Bei der Wahl der Mittel, die zu diesem Ziele

führen sollen, wird der Staat mehr oder weniger glücklich sein, er wird vielleicht das Gegentheil von dem erreichen, was er bezweckt, aber das Ziel selber — Schnelligkeit — Sicherheit und Billigkeit — wird man niemals aus dem Auge verlieren dürfen.

Wie kann der Staat dies Ziel erreichen?

Der Producent einer Waare erhält als Erlös derselben das was der Consument dafür bezahlt, abzüglich der Handelsspesen. Zieht man von Letzteren die directen Transportkosten ab, so bleibt ein Saldo übrig, der sich aus Lagergeld, Zinsen, Risiko, und Commissionen zusammensetzt. Dieser Saldo wird natürlich umso grösser sein, je langsamer und unsicherer der Austausch der Waaren (Absatz) vor sich geht, denn je länger die Waaren lagern, bevor sie den Consumenten erreichen, desto grössere Summen wird der Kaufmann für Lagergeld, Zinsen, Risiko berechnen müssen, resp. berechnen können und je unsicherer der Handel, desto grössere Commissionen wird der Kaufmann fordern können, der durch Umsicht, Intelligenz, Fleiss und Kenntnisse diese Schwierigkeiten zu überwinden vermag.

Im Handel gilt dasselbe, was in der Industrie und in den sogenannten freien Berufen Regel ist, dass jede Arbeit, die besonderes Geschick oder Intelligenz und Kenntnisse benöthigt besser bezahlt wird, dass die Leistung umso besser bezahlt wird, je mehr die Schwierigkeiten derselben die Concurrenz der Massen abhält.

Nun ist es eine Thatsache, dass nichts den Handel mehr erschwert, den Absatz der Güter mehr hemmt, das Risiko mehr erhöht, als solche Preisschwankungen der Waaren, die von einem schwankenden Geldpreis herrühren. Und umgekehrt, dass nichts dem Austausch der Waaren förderlicher ist, als feste, auf die Festigkeit des Geldpreises begründete Preise. Die grössten Profite, die grössten, aus dem Handel gezogenen Vermögen, sind immer auf schwankendem Geldpreise, in Zeiten wirthschaftlicher Krisen gemacht worden.

Anm. Wer die Erklärung hierzu nicht besitzt, der studire die Rolle, welche das Geld als Instrument der Kapitalgeschäfte spielt. Die Werke der Bimetallisten werden ihn in dieser Beziehung am schnellsten und gründlichsten in den Sachverhalt einweihen.

Umgekehrt drückt ein fester Waarenpreis den Preis der kaufmännischen Vermittlung des Waarenaustausches herunter, vermindert das Risiko, beschleunigt den Absatz, verlangt vom Kaufmann weniger Intelligenz und Kenntnisse.

Die Befestigung des Geldpreises soll also das Ziel einer geordneten, verständigen zielbewussten Verwaltung des Goldmonopols sein, denn dadurch allein kann die wünschenswerthe Schnelligkeit, Sicherheit und Billigkeit im Waarenaustausch erreicht werden.

Und direct auf dieses Ziel richten sich die Reform-Vorschläge, welche ich in Nachfolgendem dem Urtheile der Interessenten unterbreite. Und wer ist daran nicht interessirt?

Was verstehen wir unter Geldpreis?

Die beim Tausch erhaltenen Güter bilden den Preis der Waare.
The value of a thing
Is just as much as it will bring.
Und so ist auch der Preis des Geldes genau durch das Quantum Waaren dargestellt, welches wir beim Verkauf des Geldes erhalten. Einen festen Preis besitzt das Geld somit, wenn man für dasselbe Quantum Geld dasselbe Quantum Waare erhält.

Aber dieser Preis des Geldes besteht aus den verschiedensten Gegenständen, deren Tauschverhältniss unter sich fortwährend wechselt und es ist klar, dass daher die einzelne Waare nicht massgebend sein kann für die Beurtheilung der Preisschwankungen des Geldes. Den Massstab für den Preis des Geldes kann uns nur der statistisch ermittelte Durchschnittspreis der Waaren liefern.

Kennen wir nun diesen Durchschnittspreis der Waaren, resp. verfügen wir über eine Waarenpreisstatistik? Wenn dies der Fall wäre, wie könnte man noch heute von Währungsfragen sprechen?

Währung heisst, was selbst währt. (Bamberger: Reichsgold S. 9.) und wenn die Statistik nachweist, dass das Gold im Preise währt oder nicht währt, dann ist ja die Frage beantwortet. Worüber wird denn da gestritten? Womit will man den Lobgesang auf die Goldwährung, und die Klagen über diese Währung begründen, wenn das Beweismaterial aus der Luft gegriffen werden muss? Alles, was für und gegen die Goldwährung geschrieben wird, stützt sich ja nur auf persönliche Beobachtungen, Ansichten, Vermuthungen so lange die Statistik schweigt.

Was nützt es zu zeigen, dass der Weizen, die Kohle, das Holz, die Frachten im Preise gefallen sind, wenn der Gegner eine Rechnung vorzeigen kann, aus welcher hervorgeht, dass diesen Preisreductionen grosse Preiserhöhungen im Tanzunterricht, Elfenbein und Stecknadeln gegenüber stehen? Es fehlt ja die Unterlage für die Beantwortung der Währungsfrage, so lange der Durchschnittspreis der Waaren nicht ermittelt ist und so lange man sich nicht über die Methode geeinigt hat, welche zur Ermittelung dieses Durchschnittspreises befolgt werden muss.

Nicht die Währung enthält heute eine Frage, sondern die Methode nach welcher die Statistik geführt werden soll — die Statistik, welche auf die Frage, ob das Geld währt oder nicht währt, allein eine einwandsfreie Antwort geben kann.

Wie erzielt man nun den Durchschnittspreis der Waaren?

Eine einfache Aufreihung von Preisen beweist nichts. Nichts — wenn man nur die Preise weniger Artikel anführt und ebensowenig, wenn man die Preise aller Waaren untereinanderreiht.

Yves Guyot reproducirt in seinem Buche „La Science économique" Seite 189 folgende Preis-Statistik, welche er „Mulhall's History of Prices" entnommen hat und womit er irgend eine seiner Theorien beweisen will:

Frankreich

	1861/70	1871/80	1881/3
Butter	100	89	102
Kaffee	100	105	84
Lein	100	67	45
Obst	100	115	102
Getreide	100	111	93
Fleisch	100	107	120
Seide	100	86	70
Zucker	100	106	95
Wein	100	81	105
Wolle	100	88	79
	1000	955	895

Anm. Diese Summen bedeuten, dass dieselbe Qualität und dasselbe Quantum Waaren, wofür 1861 1000 bezahlt wurden, 1871 mit 955 und 1881 mit 895 erhältlich waren.

Mit solchen Statistiken kann man alles nach Bedarf beweisen: wünscht man Preisfall zu beweisen, so werden solche Waaren ausgewählt, die im Preise ordentlich gefallen sind und umgekehrt, wobei man im Nothfall durch Zusatz oder Streichung eines Artikels das Resultat auf den Kopf stellen kann.

Der für die Ermittelung des Durchschnittspreises unentbehrliche Factor der relativen Bedeutung jedes Artikels wird hier überhaupt nicht zu Rathe gezogen. Und doch ist es einleuchtend, dass es nicht einerlei sein kann, ob die Stecknadeln im Preise fallen oder der Wein, ob der Kaffee, an dessen Preis nur eine Anzahl Importeure nennenswerthes Interesse haben im Preise schwankt oder das Getreide, dessen Preisschwankungen rückwirken auf das Milliarden betragende landwirthschaftliche Kapital.

In erwähnter Statistik beeinflusst z. B. der Artikel „Zucker" das Resultat nicht mehr im Jahre 1881 als im Jahre 1861 trotzdem in diesen 20 Jahren die Zuckerindustrie Frankreichs um das Doppelte gewachsen ist und das doppelte Kapital absorbirt.

Wie macht es denn heute der Kaufmann um zu sehen, ob er durch die Preisschwankungen seiner Waaren geschädigt oder begünstigt worden ist? Wenn er den Wechsel in den Beständen seiner Waaren nicht berücksichtigte, wenn er sich damit begnügte die Notirungen der Marktpreise zu summiren, so würde er oft schon mit beiden Füssen im Concurs stehen, während er nach seinen Berechnungen grosse Gewinne verzeichnet.

Die Statistik, die der Kaufmann führt, ist folgende:

Statistik über Gewinn und Verlust.

	Bestand	Einstandspreis	Kosten	Jetziger Preis	Jetziger Werth
Butter......	500	10	5,000	8	4,000
Kaffe.......	100	30	3,000	25	2,500
Käse........	200	25	5,000	50	1,000
Wein........	300	20	6,000	25	7,500
Zucker......	200	30	6,000	28	5,600
		Einstandspreis..	25,000		20,600
		Marktwert.....	20,600		
		Verlust......	4,400		

Diese Statistik bringt die relative Bedeutung
aller Waaren zur Geltung, sie braucht nur vervollständigt zu werden, um als Massstab für den Preis des
Geldes dienen zu können. Alle Waaren, oder wenigstens alle Waarengruppen müssen in derselben vertreten sein und anstatt
sich auf die Ermittelung der Waarenbestände zu beschränken müsste natürlich auch das in der Production
der Waaren verwendete Kapital berücksichtigt werden,
da ja für die Zwecke der Statistik das Productionsmittel nur als ein vielfaches des Productes betrachtet
werden darf. Demgemäss wäre die bereits erwähnte Statistische
Tabelle zum Zwecke der Ermittelung des Durchschnittspreises der Waare (des Geldpreises) wie folgt zu ergänzen:

Was verstehen wir unter Geldpreis?

	1861/70			1871/80			1881/3		
	Bestand	Preis	Summe	Bestand	Preis	Summe	Bestand	Preis	Summe
Butter	100	1.00	100	110	89	97.90	120	102	122
Kaffee	10	1.00	10	15	105	15.70	15	84	12
Lein	60	1.00	60	40	67	26.80	30	45	13
Obst	30	1.00	30	40	115	46.—	50	102	51
Getreide	300	1.00	300	280	111	310.80	270	93	251
Fleisch	100	1.00	100	130	107	139.10	140	120	168
Seide	50	1.00	50	45	86	38.70	40	70	28
Zucker	100	1.00	100	125	106	132.50	150	95	142
Wein	150	1.00	150	125	81	101.—	120	105	126
Wolle	100	1.00	100	90	88	79.20	65	79	52
	1000		1000	1000		987.70	1000		985

Bemerkungen: Die Ansätze für Bestand sind hier rein willkürlich gewählt. Entsprächen dieselben den Thatsachen und erstreckte sich diese Tabelle auf sämmtliche Waarengattungen, so würde dieselbe den gesuchten Maasstab für den Geldpreis liefern und beweisen, dass der Preis des Geldes von 1000 auf 987.70 resp. 965 gestiegen ist, d. h. dass man im Jahre 1881 für 965 dasselbe Quantum Waare von derselben Qualität wie in 1871 für 987.70 und wie für 1000 im Jahre 1861 kaufen konnte.

In der Rubrik «Bestand» ist der absolute Betrag ohne Bedeutung, nur auf das wechselseitige Verhältniss der einzelnen Posten kommt es hier an. Drum wurde auch in den drei Rubriken der «Bestand» auf die nothwendige gleiche Summe reducirt, was ja geschehen kann ohne die Relation der einzelnen Posten zu einander zu beeinflussen. Die Berechnung des Bestandes geschieht einfach durch Reduction der Productionsmittel in Producte, für welche natürlich stets die ursprünglichen Preisansätze zu gebrauchen sind. Würde man den Bestand nach den neuen Ansätzen berechnen, so würde man das Maass selber, womit man messen will, verändern und zu ganz irrigen Resultaten gelangen. Die Butter z. B. mit ihren Productionsmitteln ist zum Preise von 1.00 mit 100 als Bestand angesetzt. Derselbe Bestand zum Preise von 89 resp. 1.02 würde aber eine Summe von 89 resp. 102 ergeben und das Resultat der Statistik könnte Umständen dadurch auf den Kopf gestellt werden.

Es wird heute noch von Währungsfragen geredet und die Währungsfragen harren noch der Lösung, weil wir die Frage selbst noch nicht in die nothwendige klare Fassung gebracht haben. Was suchen wir denn in der Lösung der Währungsfragen? Unstreitig die Fixirung des Geldpreises. Wie können wir nun über die Währungsfrage streiten; wie können wir auf eine Lösung dieser Frage hoffen, wenn wir überhaupt noch nicht den Preis des Geldes bestimmt haben, wenn wir überhaupt noch nicht wissen, was eine Mark d. R. W. auf dem Markte beanspruchen darf, wenn wir noch nicht wissen, was eine Mark d. R. W. ist oder sein soll.

So lange wir das nicht wissen, so lange wir keinen Vergleichspunkt geschaffen haben, um etwaige Preisschwankungen des Geldes feststellen zu können, so lange werden die Debatten über die Währungsfrage, deren Lösung nicht weiter fördern, als wie es bisher geschehen ist.

Die Quelle des Werthes.

Aus der Antwort auf die Frage wie Preisschwankungen des Geldes festgestellt werden können, entspringt von selbst die neue Frage: wie diese Preisschwankungen vermieden werden können. Und die gründliche, sorgfältige und einwandsfreie Beantwortung dieser weitaus wichtigsten aller socialen Fragen zwingt uns zurückzugreifen bis auf die Quelle des Werthes, denn nur dadurch, dass wir uns vollständig klare Vorstellung von dem Begriffe „Werth" verschaffen, wird es uns gelingen, die Durchführbarkeit der Reformen einzusehen, welche sich uns aus dem Studium unseres heutigen Geldwesens als unabwendbare Nothwendigkeit aufdrängen werden.

Woher kommt nun der Werth?

Der Werth ist die Folge der Nachfrage und als Nachfrage bezeichnet man die Bereitwilligkeit eines Menschen — Arbeit oder ein Tauschobjekt zur Erlangung der von ihm begehrten Sache herzugeben.

Die Grösse der Nachfrage, resp. die Höhe des Werthes wird nach der Grösse der zum Tausch angebotenen Werthe (Arbeit oder Waare) bemessen.

Es ergiebt sich hieraus von selber, dass ein Gegenstand nur dann Nachfrage erwecken, resp. Werth besitzen kann, wenn er durch irgend eine Eigenschaft die Begehrlichkeit eines Menschen zu erwecken vermag. Der Nutzen ist somit ein unentbehrliches Attribut des Werthes.

Dieser Nutzen ist nun oft von allen Menschen anerkannt, manchmal aber ganz individueller Art. Das Brod hat z. B. einen fast allgemein anerkannten Nutzen; Gold und Edelsteine dagegen sind für manche gänzlich nutzlos. Dem Musiker ist der Fidelbogen von Nutzen;

dem Tauben nicht. Mancher hält die kirchlichen Ceremonien für nützlich; mancher hält den Schulunterricht für nützlicher als das Bier, mancher giebt sein ganzes Vermögen in Apotheken aus, mancher bezahlt lieber das Fährgeld, ehe er den Fluss durchschwimmt; mancher reservirt seinen letzten Heller für einen Strick.
Es geht aus diesen Beispielen hervor, dass der Nutzen die mannigfachsten Formen besitzt und dass derselbe durchaus nicht materieller, greifbarer Art zu sein braucht, um die Börse zu öffnen. Bedingung allein ist nur dabei, dass dieser Nutzen nicht allen Menschen unentgeltlich erreichbar sei, wie z. B. die Luft, die nur desshalb werthlos ist, weil sie allen Menschen umsonst zur Verfügung steht. Zum Werthe gehört somit neben dem Nutzen noch die Besitztheilung oder das Eigenthumsrecht. — In der Familie, im communistischen Staate giebt es keine Werthe.
Zum Werthe gehört als drittes unentbehrliches Attribut das Eigenthumsrecht bezw. die Besitztheilung und der kaufmännische Werth dieses Eigenthumsrechts deckt sich scharf mit dem Werthe des Eigenthums. Was wir somit verkaufen, ist nicht so sehr der Gegenstand, wie das Eigenthumsrecht auf den Gegenstand. Der Nutzen, den der Käufer aus dem begehrten Gegenstand zu ziehen hofft, veranlasst ihn das Eigenthumsrecht durch Cession seiner eigenen Rechte auf das Tauschobjekt zu erreichen.
Woher nun dieses Eigenthumsrecht kommt, bleibt sich für die Abschätzung des Werthes gleichgültig. Es mag durch Arbeit erworben, durch Gewalt oder List angeeignet, es mag ererbt, es mag auch gestohlen sein, es mag auch ein Privileg sein, ein Patent, eine Concession für eine Apotheke, für eine Eisenbahn etc., der Werth fragt nicht nach den Geburtsscheinen.
Der Werth stammt also aus drei Quellen — dem Nutzen — der Nachfrage — dem Eigenthumsrecht — und die Vereinigung dieser 3 Faktoren ist für das Zustandekommen des Werthes unentbehrlich.

Die Grundlage des Geldwerthes.

Der Werth, die einzige active Eigenschaft des Geldes, beruht auf der Vereinigung der Nachfrage, des Nutzens und des Eigenthumsrechtes, und diese Dreieinigkeit bildet in allen Fällen die eigentliche Garantie des Geldes, resp. seines Werthes. So lange Nachfrage für Geld vorliegt, so lange man aus dem Gelde Nutzen zu ziehen hofft und so lange das Eigenthumsrecht aufrecht erhalten wird, wird auch das Geld Werth behalten, wird das Geld garantirt sein. Für gewöhnlich hält man das Geld schon genügend garantirt durch die Eigenschaften seines Materials; (Metall); bei näherer Betrachtung tritt aber diese Garantie vollständig in den Hintergrund und ihre Stelle nehmen Faktoren ein, die mit dem Material des Geldes nicht die geringste Verwandtschaft besitzen. Die Unentbehrlichkeit eines Tauschmittels, der Nutzen eines Tauschmittels und die Nothwendigkeit staatlicher Verwaltung dieses Tauschmittels — das sind die Faktoren, welche unser Geld garantiren und denen gegenüber die Eigenschaften des Geldmaterials nicht mehr Bedeutung haben, wie die Wichse für den Stiefel bei Regenwetter. Fiction.

a) Vom Nutzen des Geldes.

Der Nutzen des Geldes beruht auf den Schwierigkeiten, welche der Tauschhandel bietet, denn es liegt auf der Hand, dass wenn Jeder seine Produkte direkt gegen andere Produkte austauschen könnte, Niemand den Umweg des Geldes einschlagen würde und das Geld zwecklos wäre. Im Anfangsstadium der Besitz- und Arbeitstheilung war dies der Fall. Aber mit der Entwickelung dieser sozialen Einrichtungen machte sich, aus bekannten Gründen, das Bedürfniss eines Tauschmittels immer fühlbarer und mit diesem Bedürfniss zusammen wuchs natürlich der Nutzen, den der Gebrauch des Geldes durch Betriedigung dieses Bedürfnisses bot. Heute ist das Geld fast in der ganzen Welt unentbehrlich geworden.

Der Nutzen des Geldes (ich spreche nicht vom Material des Geldes) ist also festbegründet; er beruht nicht wie derjenige so mancher Waare auf einem launigen Einfall der Mode, nicht wie der Nutzen des Goldes z. B. auf der Phantasie putzsüchtiger Weiber, sondern auf der ersten, wichtigsten und unentbehrlichsten socialen Einrichtung — der Besitz- und Arbeitstheilung. Der Nutzen, den uns der Gebrauch des Geldes bietet, hat sehr viel Aehnlichkeit mit demjenigen, den wir aus den Verkehrs- und Transportmitteln ziehen, er hat wie diese eine, keine Rücksichten kennende Impositionskraft, — der Gebrauch des Geldes ist wie derjenige der Strassen und Brücken für Jedermann zum materiellen Zwang geworden. Wie Jeder gezwungen ist Athem zu schöpfen, so ist auch Jeder gezwungen für den Austausch der Produkte die Strassen und das Geld zu benutzen. Zwar ist es nicht materiell unmöglich und gesetzlich verboten Tauschhandel zu treiben, aber die Unkosten, der Zeitverlust etc., die heute mit einer solchen Operation verbunden wären, haben in der Praxis dieselbe Wirkung, wie materieller, gesetzlicher Zwang. Es dürfte auf dem Markte nicht eine Waare zu finden sein, die, was den Nutzen anbetrifft, dem Gelde zur Seite gestellt werden könnte.

b) Von der Nachfrage (Bedarf) für Geld.

Paralell mit dem Nutzen des Geldes läuft die Nachfrage (der Bedarf) für Geld. Wenn der Nutzen des Geldes mit der Entwicklung der Arbeits- und Besitztheilung wächst, so wächst auch der Bedarf an Geld mit der Menge von Waaren, welche die Arbeits- und Besitztheilung auf den Markt werfen. Je mehr Produkte die Besitz- und Arbeitstheilung auf den Markt werfen, desto grösser wird der Bedarf an Geld (die Nachfrage für Geld). Das Produkt der Besitz- und Arbeitstheilung, (die Waare) und der Bedarf an Geld sind synonyme Begriffe. Es giebt für die Abschätzung des Bedarfes an Geld kein anderes Maass als die Waarenvorräthe; es giebt keinen anderen Bedarf an Geld, als solchen, der aus den Waarenvorräthen entspringt. Das einzige Mittel die Waare zu realisiren, liegt in dem Verkauf derselben gegen Geld und wo Waare liegt, wo Waare produzirt wird, liegt auch Bedarf an Geld vor.

Wo keine Waare existirt, kann auch kein Bedarf an Geld bestehen, wie ja auch Bedarf an Transportmitteln ohne Güter undenkbar ist. Und der Bedart an Geld muss auch dort geleugnet werden, wo alle Kassen und Taschen leer sind, wo die Bevölkerung darbt, wo für Kapital noch so hohe Zinsen bezahlt werden.

Man hat zwar manchmal unter Hinweise auf einen hohen Zinsfuss von grossem Geldbedarf gesprochen, wie man auch den niedrigen Zinsfuss als ein Zeichen von Geldüberfluss betrachtet, (s. die Reden im D. Reichstage vom 16/2 1895) aber was hat der Zinsfuss mit dem Bedarf an Geld gemein? Bedarf an Geld, (resp. Waare) und Kapital sind ja zwei ganz verschiedene Begriffe. Es kann an Kapital fehlen und gleichzeitig Ueberfluss an Waaren herrschen. Die Banken sind oft mit Geld (Kapital) überfüllt, und trotzdem kann sich ein grosser Bedarf an Geld fühlbar machen — nämlich auf dem Markte. Die Bank ist der Tauschplatz für das Kapital und der Markt der Tauschplatz für Waaren. Dort spricht man von Zinsen, hier von Preisen; dort von Kapital, hier von Waaren, und obschon das Kapital auch das Geld als Tauschmittel benutzt, so hat doch bisher Niemand das Tauschmittel des Kapitals als Kapital betrachtet. Todtes Kapital, nennt Adam Smith das Geld und als todtes Kapital wird es von allen National--Oeconomen behandelt. Todtes, unproduktives Kapital, eine Leiche, kann man aber füglich ganz aus dem Kurszettel der Börse streichen.

Geld ist somit überhaupt kein Kapital, sondern nur das Tauschmittel von Kapital und die Höhe des Zinsfusses wird nicht von der Menge vorhandener Tauschmittel, sondern von der Menge vorhandenen Kapitals bestimmt.

Preise und Zinsfuss, Geld und Kapital, haben somit nicht die geringste Gemeinschaft und für die Beurtheilung des Bedarfes an Geld hat der Zinsfuss nicht mehr Bedeutung als etwa die Flecken auf der Sonne. Als einziges Maass für den Bedarf an Geld bleiben somit die Waaren und mit der Menge vorhandener Waaren steigt und fällt der Bedarf an Geld. Wie der Bedarf an Transportmitteln sich genau mit dem Vorrath an Frachtgütern deckt, so deckt sich auch der Bedarf an Geld (Tauschmitteln) haarscharf mit den von der Besitz- und Arbeitstheilung auf den Markt geworfenen Produkten.

Paralell mit der Besitz- und Arbeitstheilung entwickelt sich der Bedarf an Tauschmitteln (Geld) und dieser ist folglich wie der Nutzen des Geldes auf der solidesten aller socialen Einrichtungen cementirt. So lange die Besitz- und Arbeitstheilung Waaren auf den Markt wirft, wird auch der Bedarf an Geld sich fühlbar machen, denn die Waare ist der materialisirte oder personificirte Geldbedarf.

c.) Vom Eigenthumsrecht des Geldes.

Der dritte zur Darstellung des Werthes unentbehrliche Faktor ist das Eigenthumsrecht. Wir haben bereits gesehen, dass die Möglichkeit der Existenz des Geldes abhängig ist von dem Vorhandensein einer staatlichen Centralgewalt, welche die Geldfabrikation monopolisirt. Die Gewerbefreiheit auf das Geld übertragen, sagten wir, würde in der Praxis der Abschaffung des Geldes gleichkommen. Der Staat fabricirt das Geld; er bestimmt die Menge des herzustellenden Geldes und übt dadurch direkte Controle über den Werth des Geldes aus. Giebt diese Controle des Staates dem Besitzer des Geldes nicht eine Garantie für die Wahrung seiner Eigenthumsrechte?

Da das Geld nur seines Werthes wegen gekauft wird, so kann sich das Eigenthumsrecht auch nur auf den Werth des Geldes beziehen, und wenn dieser Werth der Controle des Staates unterworfen ist, so controlirt der Staat direkt und unvermittelt auch das Eigenthumsrecht des Geldes.

Und diese Controlle kommt in der Praxis einer Garantie des Eigenthumsrechtes gleich. Der Staat verleiht so zu sagen das von ihm verfertigte Geld an die Bürger.

Das Eigenthumsrecht, wie es für das Zustandekommen des Werthes nöthig ist, ist also beim Gelde vortrefflich charakterisirt. Der Bürger, der das Geld seines Werthes wegen gekauft hat, besitzt in der Controle, die der Staat über den Werth des Geldes ausübt eine Garantie für den Werth des Geldes. Der Bürger weiss, dass man das Geld nicht aus der Luft greifen kann, nicht vom Baume pflücken kann, nicht aus der Erde graben, nicht aus dem Wasser fischen kann. Er weiss auch, dass der Staat zum Schutze seiner Monopolrechte drakonische Gesetze gegen Falschmünzerei geschaffen hat und dass er in Folge dessen sein Eigenthumsrecht auf den Werth des Geldes ohne gemeinen Betrug von Seiten des Staates nicht verlieren kann.

Die Unabhängigkeit des Geldwerthes vom Geldmaterial.

Der Nutzen des Geldes beruht, wie wir eben gesehen haben, auf seiner Benutzung als Tauschmittel, und hat als solcher keine erkennbare Beziehung zum Material, woraus es hergestellt ist.

Der Bedarf an Geld misst sich, wie wir ebenfalls gesehen haben, mit dem Vorrath an Waaren und hat daher auch nichts gemein mit dem Material des Geldes.

Das Eigenthumsrecht am Gelde ist durch die Controle des staatlichen Monopols garantirt und ist daher ebenfalls vom Geldmaterial getrennt.

Die drei, den Werth bedingenden Faktoren sind daher beim Gelde gänzlich unabhängig vom stofflichen Träger des Werthes.

Freilich könnte der Werth des Geldes nicht unter den seines Materials fallen, aber von dem Moment an, wo der Werth des Geldes diese Basis überschreitet (und dies geschieht, wie wir noch sehen werden, in dem Moment, wo das Material in Geld verwandelt wird) fehlt überhaupt jede Verbindung zwischen dem Werthe des Geldes und dem seines Materials, denn keine einzige Eigenschaft des Geldmaterials vermag:

    a. den Nutzen des Geldes
    b. den Bedarf an Geld
    c. die Monopolrechte des Staates

zu beeinflussen und noch viel weniger zu garantiren.

Wie kommt es aber jetzt, dass es noch fast allgemein als Axiom gilt, dass das Geld von einem auch anderweitig verwerthbaren Material hergestellt werden muss?

Anm. Chevalier «La Monnaie» p. 15. Il faut qu' elle soit par elle même une marchandise, c' est à dire une chose en rapport avec un certain nombre (?) de nos besoins et recherchée par les hommes à ce titre.

Will man das Material des Geldes als Garantie für seinen Werth behalten für den Fall, dass der Staat, wie es leider so oft schon geschehen, seine Monopolgewalt missbraucht? Schwacher Trost; werthlose Garantie! Wie will sich der um sein Geld so besorgte Bürger gegen die Gewalt des Staatsmonopols schützen, zumal diese Gewalt in der Unentbehrlichkeit des staatlichen Geldmonopols den denkbar besten Rückhalt hat.

Das Geld war zu Beginn der Assignaten-Wirthschaft auch durch sein Material „garantirt", aber wie wenig diese Garantie wirksam war, geht aus der Thatsache hervor, dass nach wenigen Jahren der Bürger, statt des Goldes, Papierfetzen in der Hand behielt. Und was bliebe dem Bauer auch heute in der Hand, wenn ihn der Staat (resp. die Staaten) im Besitze der Gold- und Silberbarren liesse, diesen Barren aber die Seele ihres Werthes durch Entziehung der Münzprivilegien wegnehmen würde? Die Verwandlungsfähigkeit des Goldes in Ohrringe wäre für ihn am Ende kein grösserer Trost als es die Verwendbarkeit der Assignaten zu Tapeten seinem französischen Kollegen war. Das Material des Geldes bietet demnach keinen Schutz gegen den Missbrauch der Monopolgewalt, resp. die in Betracht kommende Differenz zwischen dem Werthe des Geldes und dem Werthe des entmünzten Metalles ist so beträchtlich, dass der Werth des Letzteren kaum als Garantie des Ersteren betrachtet werden kann. Und beweist die Geschichte der Assignaten, die Geschichte der Gulden, Shilling, Rubel etc. nicht, dass selbst diese schwache Garantie durch das bekannte Spiel der Kräfte, welches mit dem Namen "Gresham-Gesetz" bezeichnet wird, zur Fiction werden kann?

Wenn das Material des Geldes also keine Garantie gegen den Monopol-Missbrauch des Staates bieten kann, wenn das Monopol für das Wesen des Geldes unentbehrlich ist und es keinen Schutz giebt gegen die Gewalt, welche erstens in der Unentbehrlichkeit des staatlichen Geldmonopols und zweitens in der Unentbehrlichkeit des Geldes selber liegt, wozu dann überhaupt noch diese lächerliche Komödie mit der stofflichen Garantie des Geldwerthes?

Fürchtet man um den Werth des Geldes, wenn sein Material an sich werthlos ist? Merkwürdiger Widerspruch! Auf der einen Seite erklärt man das Geld für das nützlichste, unentbehrlichste und wichtigste unserer Verkehrsmittel und auf der andern Seite will man nicht einsehen, dass der ungeheure Nutzen, den die Producenten aus dem Gelde als Tauschmittel ziehen für sich allein ausreichen muss, um die werthgebende Nachfrage zu wecken und zu erhalten. Den unberechenbaren Nutzen des Geldes will man noch durch die Metalleigenschaften seines Materials unterstützen; der Nachfrage für Geld, die in den Waaren verkörpert ist, will man die Nachfrage für Gold, welche putzsüchtige Jüngferchen und faule Neger halten, als Garantie und Stütze zugesellen! Das heisst doch wahrlich einen Eichbaum mit einer Binse stützen.

Ist es denn so schwer das Geld und sein Material zu unterscheiden, sind wir vom Glanze des Goldes so geblendet worden, dass wir dies einfache Verhältniss nicht begreifen können?

Die Besitz- und Arbeitstheilung macht die Herstellung eines Tauschmittels zur unumgänglichen Nothwendigkeit. Dieses Tauschmittel hat nur den Werth als einzige aktive Eigenschaft, und diesen Werth ertheilt dem Gelde die Nachfrage für Geld, welche die Produkte der Besitz- und Arbeitstheilung erzeugen. Diese Nachfrage ist durch den Nutzen garantirt, welchen die Producenten aus dem Gelde, als Vermittler des Austausches, ziehen, während gleichzeitig die Eigenthumsrechte im Staatsmonopol ihre Garantie finden.

Genügt dies alles nicht?

Thatsache ist übrigens, dass die Hauptmasse des in der Welt zirkulirenden Geldes keine andere als diese Garantie kennt, denn laut Mullhall's Dict. of Statistic vertheilte sich das in der Welt circulirende Geld im Jahre 1885 wie folgt:

Papier....................	846 Mill.
Silber (Scheidemünze)......	801 „
Gold	790 „
	£ 2,438 Mill.

Mir scheint, dass die von Chevalier klar und unzweideutig ausgesprochene Theorie über den Geldwerth sich auf einen unvollständigen, dilettantenhaften, unkaufmännischen Begriff des Werthes stützt. Ihm war der Werthbegriff nicht klar, er unterschied nicht zwischen Geld und Geldmaterial, zwischen Werth und Stoff und konnte darum auch nicht verstehen, dass es Werthe ohne Material, Geld ohne Gewicht geben kann. Dass das Geld an und für sich (also das Tauschmittel) die unentbehrlichste und nützlichste Waare ist, dass diese Waare nur eine einzige aktive Eigenschaft — den Werth — zu haben braucht und dass das Geld nur dieser einzigen Eigenschaft wegen gekauft wird, muss Chevalier offenbar ganz übersehen haben.

Es giebt doch sonst auf dem Markte so viele Werthe zu kaufen und die schwer bezahlt werden, bei denen, gerade wie mit dem Gelde, die Werth gebenden Eigenschaften nicht die geringste Beziehung zu den materiellen Trägern dieser Werthe haben. Ich erinnere an die Concessionen für Apotheken in Deutschland, die selten unter 50,000, häufig aber 500,000 Mk. werth sind. Hier liegt der ganze Werth in der Concession, in Privilegien. Wenn nun diese Apotheker-Privilegien etwas werth sind, warum sollten die Geldprivilegien nicht auch etwas werth sein. Das Apotheker-Privileg zwingt den Kranken seine Arzneien in der Apotheke zu kaufen, und darauf beruht der Werth der Concession; das Geldprivileg zwingt den Producenten seine Produkte gegen das privilegirte Geld zu verkaufen und dies sollte nicht genügen um dem Gelde Werth zu ertheilen! Dabei ist die Unentbehrlichkeit des Apotheker-Privilegs anfechtbar; in vielen Ländern ist es bereits abgeschafft und die Abschaffung desselben in Deutschland wird diskutirt — während die Unentbehrlichkeit des Geldprivilegs unanfechtbar ist und überhaupt zu keiner Zeit und in keinem Lande angefochten worden ist.

Da sind z. B. die Aktien des Suez-Kanals, welche Millionen an Werth besitzen. Ist dieser Werth nun durch die materielle Unterlage des Kanals, durch die Sandwüste garantirt oder durch

a) den Nutzen des Kanals
b) den Bedarf eines Kanals
c) durch das Eigenthumsrecht des Kanals.

Ich glaube die Gesellschaft würde recht gerne die ganze Wüste mitsammt dem Kanal gegen eine Erweiterung ihrer Privilegien umtauschen. Die Suez Kanal-Aktie steigt und fällt mit der Zahl der Schiffe, die den Kanal passiren, die materielle Unterlage des Kanals — der Sand — hat keinen Einfluss auf die Höhe der Dividenden. Will man noch mehr Beispiele zur Klarmachung des Begriffes „Werth"? Gebe man den Engländern das Recht die Meerenge von Gibraltar zu versperren und man wird gleich sehen, wie auf dies Recht Millionen an Aktienwerth begründet werden, trotzdem hier keine Sandwüste den Kanal einengt, trotzdem dessen Durchbohrung keinen Spatenstich erfordert, trotzdem diese Aktien kein Atom menschlicher Arbeit repräsentiren.

Nun gebe man einem Gegenstand das Privileg den Waarenaustausch zu vermitteln und man wird gleich sehen, wie die Aktien dieses Privilegs*)— d. h. unsere Münzen Käufer finden werden — trotzdem vielleicht auch hier die zur Herstellung dieser Aktien verwandte Arbeit in keinerlei Verhältniss steht zu dem Preise, welchen diese auf dem Markte erzielen.

Menschliche Arbeit! Wieder ein Begriff, den man mit dem „Werth" verwechseln will.

Die Selbstständigkeit, Unabhängigkeit des Begriffes „Werth", will man nicht anerkennen. Die Arbeit, sagt „Adam Smith," giebt der Sache Werth und übersieht, dass die Arbeit Folge, nicht Ursache des Werthes ist. Weil Lesseps berechnete, dass ein Kanal durch die Meerenge von Panamá in Folge

a) seines Nutzens
b) seines Bedarfs
c) durch die Erwerbung des Eigenthumsrechtes

Werth haben müsste, opferte er die Millionen, um dies

---

*) Anm. Der Definition Chevalier's, nach welcher die Münzen Metallbarren sind, möchte ich diese hier gegenüberstellen: Die Münzen sind die Aktien der Geldprivilegien.

Eigenthumsrecht zu erwerben, aber die Arbeit selbst
konnte auf den Werth des Eigenthumsrechtes keinen
Einfluss haben. Der Preis der Aktien dieses Kanals
beweist dies.

Der Werth ist immer die Ursache, nicht die Folge
der Arbeit; wie viel Arbeit eine Waare vertragen kann,
hängt immer nur von seinem Werthe ab. Bei manchen
Waaren besteht allerdings eine gewisse Wechselbeziehung vom Werthe zur Arbeit, aber dies ist immer nur
bei solchen Waaren der Fall, wo die absolute Gewerbefreiheit weder durch geistige, kapitalistische, noch rechtliche Privilegien eingeschränkt ist.

Wären alle Menschen gleich, körperlich und
geistig absolut gleich, besässen dabei alle absolut gleiche
Produktionsmittel, wären ausserdem alle Privilegien
abgeschafft (Patente, Monopol, Concessionen, Besitz etc.),
so würde die Wechselwirkung der Arbeit auf den
Werth als einziger Faktor des Werthes zurückbleiben
und Werth und Arbeit würden in eins zusammenfallen.
Aber so lange dies nicht der Fall ist, so lange es fähige
und bornirte, gesunde und kranke, junge und alte,
genügsame und bedürfnissreiche Menschen giebt, so
lange der eine Kapital erbt und der andere Schulden,
so lange der eine sein Kapital vergeudet und der andere
es vermehrt, so lange Monopole, Besitz, Privilegien,
Patente die Gewerbefreiheit einschränken, so lange
Glück und Unglück nicht durch ein bis ins Kleinste
ausgearbeitetes Versicherungswesen korrigirt werden,
wird der Werth wie bisher von 1000 Faktoren abhängen, von denen die Arbeit nur einer, häufig sogar
recht belangloser, sein wird.

Und an die Abschaffung des staatlichen Geldmonopols ist nicht zu denken, da ja das Wesen des
Geldes dieses Monopol zur unumgänglichen Nothwendigkeit macht, und so lange dieses Monopol existirt,
wird der Werth des Geldes dem Monopolinhaber gehorchen und von diesem Werthe wird es abhängen,
wie viel Arbeit (Produktionskosten) die Goldgräber
anlegen können, wird der Werth des G e l d e s die
Ursache nicht die Folge der von den Goldgräbern
geleisteten Arbeit sein; wird der Goldgräber den

Werth der Münzen als seine Produktionskosten betrachten und nicht umgekehrt.

Heute ist ja der Werth des Goldes gleich dem des Geldes, aber nicht weil der Werth des Geldes sich nach dem des Goldes richtet — sondern weil in Folge der freien Goldprägung das Gold Geld ist. Es ist Geld, nicht mehr Gold, was aus der Erde gegraben wird. Die Wechselwirkung der Produktionskosten des Goldes auf den Werth des Geldes können wir ganz unberücksichtigt lassen, weil ja diese Wechselwirkung der Controle des Staates unterstellt ist und wie die Geschichte der Silberentmünzung lehrt, nach Bedürfniss eingeschränkt und gänzlich aufgehoben werden kann.

Wenn heute der internationale Bimetalismus eingeführt würde und all das in der Welt aufgehäufte Silber zu Geld machen würde, so würde mit dem Werthe des Geldes auch der des Goldes fallen und manche Goldwäscherei müsste aufgegeben werden. Wurden nicht an dem Tage, wo in Nordamerika die freie Silberprägung aufgehoben wurde, eine grosse Anzahl Silberminen geschlossen? Warten dieselben Minen nicht mit der Wiedereröffnung auf die Freilassung des Silbers?

Umgekehrt verhält sich also die Sache; nicht die Arbeit verleiht der Sache Werth; sondern der Werth ist die Ursache der Arbeit. Nicht das Material giebt dem Gelde Werth, sondern der Geldwerth wird durch die Währungsgesetze auf sein Material übertragen und dieser Werth des Materials gestattet die Aufwendung von Kapital und Arbeit zur Gewinnung desselben.

Und nichts ändert an diesem Verhältniss die Thatsache, dass die freie Goldprägung die Produktionskosten des Goldes in Wechselwirkung mit dem Werthe des Geldes treten lässt — denn wie gesagt, steht ja die freie Goldprägung unter Controle des Staates, denn der Anstoss für den Werth des Materials kommt von dem Werthe des Fabrikates, denn der Werth ist immer und ausnahmslos die Ursache und die Arbeit, — die Wirkung. Würde denn der Werth des Geldes ohne die Wechselwirkung der Produktionskosten des Goldes etwa geringer sein?

Die Hervorhebung dieser Unterscheidung von Ursache und Wirkung ist nöthig für die richtige, vorurtheilslose Erfassung des Begriffes „Werth", denn während die Theorie Smith's keine Werthe ohne Arbeit zulässt und demzufolge auch kein Geld denkbar macht, dessen Material keine Arbeit verkörpert, wird durch die Umkehrung des Satzes (Arbeit ist Folge des Werthes) der theoretische Nachweis geliefert, dass es recht wohl Werthe geben kann, aus Material, das werthlos ist.

Bedarf und Angebot bestimmen den Preis.

Indem wir uns lossagen von der Theorie, welche die Arbeit (Produktionskosten) als Preisrichter über den Werth erhebt, sehen wir uns gezwungen, uns nach einem anderen allgemeinen Werth-Gesetz umzusehen, welches uns als sicherer Führer dienen kann in unseren Untersuchungen über den Werth des Geldes. Und ist es nicht merkwürdig, dass wir dieses allgemeine Gesetz gleich in dem Arsenal derselben National-Oekonomen finden, welche die soeben angegriffene Theorie vertreten und welche sich jener gleichsam als Reservekapital bedienen in all den zahllosen Fällen, wo sie von ihrem leitenden Grundsatz in den Sumpf geführt werden? Der Werth wird durch die Produktionskosten bestimmt, sagt Adam Smith, und wenn dies in klar zu Tage liegendem Widerspruch steht mit unleugbaren Thatsachen, dann wird zur Erklärung solcher „Ausnahmen" die Reservetheorie herangezogen, nach welcher der Werth einfach durch Bedarf und Angebot bestimmt wird.

Es fragt sich nun: Ergänzen oder bekämpfen sich beide Theorien? Die Theorie Smith's „Die Produktionskosten bestimmen den Preis" ist doch zu absolut ausgedrückt, um als einfache Ergänzungstheorie aufgefasst zu werden und noch weniger berechtigt die Art wie die meisten Nationalökonomen diese Theorie in ihren Untersuchungen anwenden, zu der Annahme, dass sie dieselbe nicht als leitenden Grundsatz ansehen. Auf der anderen Seite aber steht die Reservetheorie, wonach „Bedarf und Angebot" den Preis bestimmen, in keinem erkennbaren Zusammenhang mit der Ersteren. Die Produktionskosten-Theorie führt den Werth auf einen Faktor ‚die Arbeit' zurück; die alte kaufmännische Theorie führt gleich zwei Faktoren in's Treffen, welche je wieder in unzählige Andere zerfallen. Nach dieser Theorie ist die Arbeit nur ein Faktor unter vielen anderen.

Es handelt sich hier also nicht um zwei sich ergänzende Theorien, sondern um solche, die jede für sich vollkommene Selbstständigkeit beanspruchen und da sich zwei Theorien, die sich nicht vollständig decken und doch dasselbe erklären wollen sich nothwendigerweise widersprechen, so handelt es sich hier um einen Widerspruch.

Welcher von beiden Theorien sollen wir uns nun als Führer anvertrauen? Die National-Oekonomen sagen es uns selbst — denn so oft sie von der Theorie Smith's im Stich gelassen werden, greifen sie zurück auf die alte, bewährte, merkantile Theorie, wonach der Preis das Produkt unzähliger Faktoren ist und welche die Kaufleute in die beiden Worte zusammenfassen — Bedarf und Angebot bestimmen den Preis.

Wie es in der Theorie und Praxis nur einen Gott geben kann, so kann logischer Weise auch nur ein ökonomisches Gesetz Preisrichter sein. Es können nicht zwei Werthgesetze neben einander residiren. Eines von beiden muss dem anderen weichen und da die Theorie, welche den Werth auf die Arbeit zurückführt, zur Erklärung der ökonomischen Erscheinungen nicht ausreicht, so muss sie der merkantilen Theorie den Platz räumen.

Wir wollen uns also der letzteren als Führer anvertrauen; „Bedarf und Angebot" als Preisrichter anerkennen.

Was verstehen wir unter Bedarf an Geld?

Wenn wir „Bedarf und Angebot" zum Preisrichter der Waaren ernennen, so muss es jetzt unsere erste Aufgabe sein, diese beiden Begriffe zu analisiren und sie von allen Schlacken, mit welchen der Sprachgebrauch sie umgeben hat, zu reinigen. Die Begriffe, mit denen wir jetzt arbeiten müssen, dürfen keinerlei Nebenbegriffe in sich schliessen, sie dürfen nicht zwei Deutungen gestatten; dass dies aber heute nicht der Fall ist, ergeben schon die 1000 verschiedenen Antworten, welche man auf die Frage erhält; Was ist Bedarf an Geld; wer hat Bedarf an Geld; wo herrscht Bedarf an Geld?

Der Handwerksbursch, der Fiskus, der Student (der Student der National-Oekonomie nicht ausgeschlossen) werden rufen: Hier! Ich! Während vielleicht gerade derjenige, der zu dieser Antwort berechtigt ist, schweigen wird.

Die Arbeits- und Besitztheilung erzeugt die Waare und wirft dieselbe auf den Markt zum Tausch gegen andere Waaren, denn nur durch Tausch kann die Waare ihrem Eigenthümer von Nutzen werden. Dieser Tausch kann, und aus tausend Gründen, die Jeder kennt, nur durch Vermittelung des Geldes stattfinden.

Wo herrscht nun Bedarf an Geld? Natürlich dort, wo Waare liegt, denn die Waare muss gegen Geld verkauft werden. Wer hat Bedarf an Geld? Wer anders als der Eigenthümer der Waare? Denn er ist gezwungen mit seiner Waare Geld zu kaufen; er ist nicht allein bereit etwas für die Erlangung des Geldes zu geben, er muss sogar seine Waare gegen Geld hergeben, denn der Tausch, den das Geld allein vermitteln kann, bietet ihm die einzige Möglichkeit Nutzen aus

seiner Waare zu ziehen. Und was ist Bedarf an Geld?
Die Waare selbst vertritt den Bedarf an Geld und
neben dem Bedarf an Geld, den die Waare personificirt, kann es keinen anderen Bedarf an Geld geben.
Die Waare ist der materialisirte, sicht-, greif- und
abschätzbare Bedarf an Geld. Das Geld ist eine Waare,
Waare par excellence, und der kaufmännische Bedarf
einer Waare wird mit dem Werthe der Tauschgüter
abgeschätzt, die zur Erlangung der Waare angeboten
werden. Der eigentliche Bedarf an Waaren liegt also
nicht in den Bedürfnissen der Menschen, sondern in
dem Angebot von Tauschgütern. Das Tauschobjekt
vertritt den Bedarf voll und ganz und das Tauschobjekt des Geldes bilden die Waaren. Wie der Bedarf
an Eisenbahnwagen nicht abhängig ist von den Wünschen der Aktionäre, sondern von dem Vorrath an
Frachtgütern; wie der Vorrath an Frachtgütern das
materialisirte, greif- und abschätzbare Maass bietet für
den Bedarf an Eisenbahnwagen, so ist auch der Bedarf an Geld unabhängig von den Bedürfnissen des
Fiskus, der Handwerksburschen und Studenten, sondern er deckt sich mit dem Vorrath an Waaren so
genau und scharf, dass Waare und Bedarf an Geld zu
synonimen Begriffen werden.

Einflüsse, denen der Bedarf an Geld unterliegt.

Indem wir nun die Quelle der Waaren aufdecken,
spüren wir auch der Herkunft des Geldbedarfes nach;
indem wir die Ursachen der Schwankungen im Waaren-
angebot untersuchen, finden wir auch die Ursachen des
schwankenden Bedarfes an Geld; denn, wie gesagt,
Waare und Geldbedarf sind zwei sich vollständig
deckende Begriffe — sind ein Begriff. Wo keine Waare
erzeugt wird, herrscht auch kein Bedarf an Geld,
mögen auch sonst alle Taschen leer sein. Bedarf an
Geld ist da, wo Waare liegt — wo die Waarenvorräthe steigen und fallen, fällt und steigt auch der Bedarf an Geld. Es giebt keinen anderen Bedarf an Geld,
als den, welchen die Waare vortritt; wenn wir von
Waaren sprechen, sprechen wir auch von Bedarf an
Geld.

Die Quelle aus der die Waarenvorräthe gespeist
werden, ist die Besitz- und Arbeitstheilung. Mit der
absoluten und relativen Zunahme der Besitz- und Arbeitstheilung muss auch die Quelle der Waarenvorräthe
stärker fliessen. Wächst die Bevölkerung an Zahl, so
wird die Waarenproduktion in demselben Verhältniss
zunehmen; dasselbe geschieht, wenn die Besitz- und
Arbeitstheilung eine neue Ausdehnung erfährt.

Die Bevölkerung Deutschlands ist in schnellem
Wachsthum begriffen, ebenso schnell wächst auch die
Waarenproduktion, resp. der Bedarf an Geld.

Gleichzeitig mit dieser Vermehrung der Waarenproduktion wächst dieselbe aber auch noch in Folge
der steigenden Ausdehnung, welche die Besitz- und
Arbeitstheilung erfährt. Früher z. B. besass fast jeder
sein eigenes Haus oder Häuschen, jetzt findet man
Leute, die im eigenen Hause wohnen in den Städten

selten und auf dem Lande täglich weniger. Die Besitztheilung hat die Häuser ergriffen und diese zu Waare gemacht; sie hat den Vorrath an Waaren, den Bedarf an Geld um ein Bedeutendes vermehrt. Der Bedarf an Geld, der Vorrath an Waaren ist durch die Ausdehnung der Besitztheilung um den Gesammtbetrag der für Miethzins verausgabten Summen gewachsen. In einzelnen Theilen des Reiches findet man selten noch einen Bauer, der sagen kann, dass ihm das Land gehört. Entweder ist er direkt Pächter, oder aber macht ihn die sein Land belastende Hypothek zum nominellen Besitzer, resp. effektiven Pächter. Die Besitztheilung hat auch den Grundbesitz ergriffen und der Pacht- und Hypothekenzins unzähliger Güter belastet als Waare den Markt und vermehrt den Geldbedarf um riesige Summen.

Die Versorgung des Haushaltes mit Wasser übernahmen die Hausbewohner früher selbst, indem sie dasselbe aus einem nahen Bache schöpften. Jetzt ist der Bach mit Beschlag belegt und eine Gesellschaft verkauft das Wasser aus Rohrleitungen gegen Bezahlung. Die Besitztheiluug hat den Waarenvorrath um den Werth des Wassers vermehrt und der Bedarf an Geld ist in demselben Verhältniss gewachsen.

Und solcher Beispiele, welche zeigen, wie die Ausdehnung der Besitztheilung den Markt mit immer grösseren Waarenmassen beschickt, giebt es natürlich zahllose.

Das Beispiel von der Wasserleitung greift übrigens auch schon über in das Dominium der Arbeitstheilung und lässt uns gleich erkennen, dass beide Quellen der Waarenerzeugung (Besitz- und Arbeitstheilung) häufig ineinander fliessen.

Die Wasserleitungsgesellschaft liefert nämlich nicht allein das Wasser, sondern sie liefert es auch noch ins Haus und erspart dadurch dem Bürger eine Menge Arbeit, die jetzt in der Waarenerzeugung vortheilhafter angelegt wird.

Das Wasser und der Wassertransport ist zur Waare geworden; das Wasser und sein Transport bedarf jetzt des Geldes.

Wer in die Stadt sich begeben will, wird es vortheilhafter finden die Eisenbahn zu benutzen, um die Zeit, die er dadurch gewinnt, seiner eigenen Industrie zu Gute kommen zu lassen. Die Fortbewegung, der Transport für Waaren und Menschen ist zur Waare geworden und diese Waare hat den Bedarf an Geld, um die Riesensummen vermehrt, welche für Fracht etc. verausgabt werden.

Früher strickte die Grossmutter die Strümpfe für den Familiengebrauch; jetzt liefert diese die Fabrik besser und billiger, und der Vorrath an Waaren, der Bedarf an Geld ist um den Werth der Strumpfwaaren gewachsen. Bis vor kurzem noch, baute jeder Bauer das was er im Haushalte an Gemüsen, Obst etc. brauchte selber, jetzt findet er es vortheilhafter seine Thätigkeit auf die Kultur von Handelsgewächsen zu beschränken und das, was er persönlich braucht, auf dem Markte zu kaufen. Die Arbeitstheilung macht, wie es heisst, in dieser Richtung rapide Fortschritte und ebenso schnell muss in Folge dessen auch das Angebot von Waaren, der Bedarf an Geld wachsen.

Aber, wenn die Grösse des Waarenangebots nicht allein abhängig ist von der Quantität, sondern auch von der Qualität, so vermehrt sich mit jeder Verbesserung der Qualität auch die Grösse des Waarenangebots, resp. der Bedarf an Geld. Das ist selbstverständlich. Die Qualität der Waaren erfährt aber heute eine stetige Verbesserung, wie man sich durch den Besuch der Museen überzeugen kann und die Vermehrung des Waarenangebots, resp. der Bedarf an Geld, hält natürlich Schritt mit diesen Verbesserungen. Waare und Bedarf an Geld sind synonyme Ausdrücke, und je besser die Waare, desto grösser der Bedarf an Geld, den die Waare vorstellt. Mit jeder Veredelung der Samen, mit jeder Veredelung der Zuchtthiere, mit jeder Verbesserung in unseren Maschinen, mit jeder neuen Entdeckung in der Chemie, Physik, Heilkunst etc., kurzum mit jeder Verbesserung der Produktionsverfahren und Produktionsmittel wächst der Bedarf an Geld um die volle Differenz in der Qualität der Erzeugnisse. Die Vermehrung des Geldbedarfes durch stetige Verbesserung in der Qualität der Erzeugnisse ist vielleicht bedeutender, als der Zuwachs, den der Geldbedarf erfährt durch die Ausdehnung der Besitz- und Arbeitstheilung und durch die Vermehrung der Bevölkerung. Die Verbesserung der Produktionsmittel beeinflusst aber neben der Qualität, auch die Quantität der Erzeugnisse. Nach vielen Richtungen hin hat die Industrie und Landwirthschaft in dieser Beziehung geradezu fabelhafte Erfolge erzielt. Die Schafe geben mehr Wolle, die Hühner legen mehr Eier, die Schweine setzen mehr Speck an, die Ochsen werden grösser als früher. Die Spinnmaschine liefert das tausendfache vom Spinnrad; die Webemaschine leistet dasselbe, was früher 100 Weber schaffen konnten; mit Dynamit trägt man heute ganze Berge ab. Alle diese Maschinen und neuen Verfahren vermehren den Bedarf an Geld um ihre vermehrte Ergiebigkeit.

Damit ein Gut zur Waare werden kann, muss es überhaupt möglich sein, dies Gut dem Consumenten zuzuführen. Wie viel Güter liegen aber nicht in unzugänglichen Gebirgs- und Sumpfgegenden, welche aus Mangel an Transportmitteln nicht zu Markte gebracht werden können. Eine neue Eisenbahn, eine Brücke, eine neue Dampferlinie, eine Erforschungsexpedition etc., führen alle diese Güter dem Markte zu und vermehren den Bedarf an Geld um deren Qualität und Quantität.

Sind noch mehr Beispiele nöthig um zu zeigen, wie gross die Zahl der Faktoren ist, welche auf die Zufuhr von Waaren, resp. auf den Bedarf an Geld von Einfluss sind? Zahllos sind sie.

Aber der Vorrath an Waaren hängt nicht allein ab von der Produktion von Waaren, von der Zufuhr, sondern auch von der Abfuhr; wie ja auch der Wassergehalt eines Flusses, der Vorrath an Frachtgütern einer Eisenbahn, von der Abfuhr, resp. Abfluss, beeinflusst wird. Unser Geldbedarf wird demnach sich auch danach richten, wie schnell die Waaren vom Markte verschwinden, wie schnell die Waare den Consumenten erreicht, wie lange im Durchschnitt das Produkt der Besitz- und Arbeitstheilung Waare bleibt. Denn ein Gut welches den Consumenten erreicht hat, ist keine Waare mehr: das charakteristische Zeichen der Waare ist ja der Mangel an Gebrauchswerth für den Besitzer. Von dem Moment an, wo die Waare den Consumenten erreicht, verwandelt sie sich vom Tauschmittel in ein Genussmittel. Der Kaffee z. B. ist Waare von dem Moment an, wo er in Brasilien gepflückt wird, bis zum Tage, wo er die Vorrathskammer der deutschen Bäuerin erreicht.

Der Pflanzer, der einen Sack Kaffee auf den Markt wirft, vermehrt den Bedarf an Geld um diesen Kaffee. der deutsche Bauer, der diesen Sack auf seine Vorrathskammer bringt entlastet den Bedarf an Geld um den Sack Kaffee.

Um den Kaffee von Brasilien nach den kleinen deutschen Dörfern zu bringen, gehört ein ganzer Apparat von Handelseinrichtungen, von deren Existenz und Vollkommenheit die Schnelligkeit, womit der Kaffee seinen Bestimmungsort erreicht, abhängig sein wird. Die Handelseinrichtungen haben auf die Waarenvorräthe dieselbe Wirkung, wie das Gefäll auf den Wassergehalt eines Flusses. Je besser das Gefäll, umso schneller fliesst das Wasser ab.

Die Handelseinrichtungen, worüber die Kaufleute zum Austausch der Waaren verfügen, haben heute einen verhältnissmässig hohen Grad der Vollkommenheit erreicht; stetig wird daran verbessert und mit jeder Verbesserung erfährt der Vorrath an Waaren, resp. der Bedarf an Geld eine neue Verminderung. Man denke nur an die Verbesserungen, die im Bankwesen, im Wechselrecht, im Post-, Telegraphenwesen, im Agentur- und Consularwesen, in der Reklame, im Ausstellungs- und Annoncenwesen gemacht worden sind. Wenn die Kaufleute nicht über all diese Einrichtungen, welche zum Schutz und zur Erleichterung des Waarenaustausches getroffen worden sind, verfügten, wie lange würde wohl ein Ballen Reis nehmen, um vom budhistischen Bauer in die Vorrathskammer seines preussischen Kollegen zu gelangen? Wir erleben ja heute manchmal Unterbrechungen in der Funktion dieser Handelseinrichtungen, im Kreditwesen z. B. und haben dann Gelegenheit zu beobachten, wie in Folge dieses

verlangsamten Abflusses die Waarenvorräthe anschwellen.
Dann wächst gleich der Bedarf an Geld, wie der Preisfall der Waaren beweist. (Krisis.)

Wenn wir einen Fluss, der in Folge von 1000 Krümmungen sich nur langsam durch das Thal hinzieht, kanalisiren, so dass das Wasser in gerader Linie abfliessen kann, so werden wir beobachten, dass der Fluss oft nur mehr $1/4$ seines früheren Umfanges hat, dass der Wassergehalt um $3/4$ abgenommen hat. Versperren wir jetzt den Kanal, so stürzt sich der Fluss in sein altes Bett und in Folge verlangsamten Abflusses werden die Wassermassen bald wieder den früheren Umfang gewinnen. Genau so verhält es sich mit dem Bedarf an Geld, mit den Waarenvorräthen. Die Handelseinrichtungen kanalisiren den Waarenaustausch; die Waaren wandern auf diesem Kanal in gerader Linie und mit starkem Gefäll der Mündung (Vorrathskammer) zu und jede, selbst die geringste Störung macht sich sofort durch Anschwellung der Stocks bemerkbar.

Da die Reformen, welche ich vorschlagen werde, in der Hauptsache eine Beschleunigung (und dadurch Sicherheit und Verbilligung) des Waarenaustausches bewirken werden, so möchte ich auf die Tragweite von Störungen in dem Abfluss der Waaren hier besonders aufmerksam machen und deren Einfluss auf den Bedarf an Geld noch durch ein Beispiel beleuchten.

Wenn eine Strasse für den wachsenden Verkehr zu eng wird, so giebt es zwei Mittel, um dieselbe den Bedürfnissen anzupassen. Entweder macht man die Strasse breiter oder aber man gestattet den Wagen durch Verbesserung des Pflasters ein schnelleres Fahren. Gut gepflasterte Strassen bewältigen einen grossen Verkehr und erscheinen trotzdem immer leer, während schlecht gebaute Strassen bei geringem Verkehr voll besetzt erscheinen, zumal wenn ein Wagen im Sumpfe stecken bleibt und dadurch der ganze Verkehr stockt.

Die Masse sich bewegender Körper steigt und fällt im umgekehrten Verhältniss zur Schnelligkeit der Bewegung. Und so verhält es sich auch mit dem Vorrath an Waaren, mit dem Bedarf an Geld. Dieser

Strom wird von der Besitz- und Arbeitstheilung mit
Waaren gespeist und die Handelseinrichtungen treiben
diese unaufhaltsam der Mündung zu. Je besser die
Handelseinrichtungen, desto grösser das Gefäll und
desto geringer der Waarenvorrath — der Bedarf an
Geld.

Einfluss der Creditoperationen auf den Geldbedarf

So lange und so oft die Waare gegen Geld verkauft werden muss, vertritt sie einen mit ihrem Werthe sich genau deckenden Bedarf an Geld. Kann die Waare aber den Consumenten erreichen, ohne dass die Vermittelung des Geldes beansprucht wird — so nimmt der Bedarf an Geld um den Werth dieser Waare ab. Auch bei der Eisenbahn deckt sich der Bedarf an Wagen genau mit dem Vorrath an Frachtgütern; wird aber der Bahn entlang ein Kanal gezogen, so nimmt der Bedarf an Eisenbahnwagen um die Masse der auf dem Kanal verladenen Güter ab. Aus demselben Grunde kann in einem Lande neues Geld nur auf Kosten des alten, fremdes nur auf Kosten des Landgeldes circuliren.

Der Bedarf an Geld stützt sich auf die Schwierigkeiten, welche der direkte Austausch der Waaren (der Tauschhandel) bietet und der Nutzen, den wir aus dem Gebrauch des Geldes ziehen, besteht eben in der Ueberwindung dieser Schwierigkeiten. Nehmen die Schwierigkeiten des Tauschhandels durch irgend welche Einrichtung ab, so nimmt auch der Nutzen, den wir aus dem Gelde ziehen, in demselben Verhältniss ab.

Eine dieser Einrichtungen, welche es gestatten, die Waaren ohne Benutzung des Geldes an den Mann zu bringen, bilden die Creditgeschäfte. *A.* in Königsberg sendet eine Ladung Butter an *B.* in Köln und dieser bezahlt die Rechnung mit einer Ladung Wein. Kein Pfennig Geld ist zu dieser Operation nöthig gewesen und der Bedarf an Geld hat in Folge dieser Operation um die Ladungen Butter und Wein abgenommen.

Dieser Einfluss der Creditgeschäfte auf den Bedarf an Geld bleibt auch derselbe, wenn die Ladung Butter und Wein in Geld umgerechnet, und dies Geld durch Wechsel, Checks etc. vertreten wird. Es handelt sich immer um eine Umgehung des Bedarfes an baarem Geld, resp. Landgeld. Die Wechsel etc. spielen hier die Rolle des Landgeldes; sie ersetzen es vollständig und verdrängen dasselbe im direkten Verhältniss zur eigenen Masse.

Wächst die Summe der Creditgeschäfte, so nimmt in genau demselben Verhältniss der Bedarf an Geld ab; steigt und fällt der Gebrauch der Creditinstrumente, so steigt und fällt der Bedarf an Geld.

Es verhält sich hier wie mit der Eisenbahn, die von dem Schifffahrtskanal entlastet wird. Friert der Kanal zu oder versiegt er, so fallen die Güter, deren Transport er sonst bewältigte, auf die Eisenbahn zurück und umgekehrt, und der Bedarf an Eisenbahnwagen wird dadurch fortwährend schwanken.

Wie der Bedarf an Eisenbahnwagen gleich ist dem Vorrath an Frachtgütern, abzüglich der Massen, die per Kanal verladen werden — so ist auch der Bedarf an Geld gleich dem Vorrath an Waaren, abzüglich der auf dem Creditwege oder im Tauschhandel den Consumenten erreichenden Massen. Mit Bezug auf den Geldbedarf ist also der Credit als eine verfeinerte Form des Tauschhandels zu betrachten.

Recapitulation.

Der Bedarf an Geld ist also auf dem Markte durch den Vorrath an Waaren vertreten. Der Bedarf an Geld wächst mit der Entwickelung der Besitz- und Arbeitstheilung, mit der Zahl der Waarenproducenten, mit der Vervollkommnung der Produktionsmittel und Verfahren. Der Bedarf an Geld hängt ab von der Schnelligkeit des Abflusses der Waaren; von der Entwickelung der Handelseinrichtungen. Der Bedarf an Geld steht im umgekehrten Verhältniss zur Schnelligkeit, womit die Waaren den Weg von der Produktionsstätte zur Consumstätte zurücklegen.

Der Bedarf an Geld hängt auch ab von dem Gebrauch der Creditinstrumente, die das Geld als Tauschmittel ersetzen.

Der Bedarf an Geld ist also gleich dem von der Besitz- und Arbeitstheilung dem Markte unablässig zugeführten Waarenvorrath — abzüglich der durch Kauf oder auf dem Tausch- und Creditwege dem Markte entzogenen Waaren.

Der tägliche Bedarf an Geld ist also gleich den täglich zum Verkauf gegen Geld angebotenen Waaren.

Geldbedarf ist nur da, wo Waaren angeboten werden; Geldbedarf hat nur derjenige, der Waare anbietet; als Geldbedarf ist einzig und allein die Waare zu betrachten.

Für den Geldbedarf liefert allein der Waarenvorrath ein greif-, sicht- und abschätzbares Mass.

Das Angebot von Geld

Die einzige interessante und aktive Eigenschaft der Waare ist ihr Tauschwerth und bei keiner Waare tritt dies so klar und unzweifelhaft hervor wie beim Gelde. Wenn aber Jemand eine Waare ihres Tauschwerthes wegen produzirt oder gekauft hat, so ist es klar, dass er nur durch den Verkauf den erwarteten Nutzen aus der Waare ziehen kann. Der Tauschwerth, resp. die Waare führt zum Verkaufszwang, resp. das charakteristische Zeichen der Produkte der Besitz- und Arbeitstheilung ist der Verkaufszwang, der über ihnen schwebt, und dies charakteristische Zeichen trägt das Geld offen auf der Stirn. Es giebt Münzen, die sich seit Jahrhunderten auf den Märkten herumtreiben, unzählige Male verkauft und gekauft wurden und durch den fortwährenden Handwechsel ganz verschlissen sind. Es ist sogar wahrscheinlich, dass der Groschen, den die Frau in der Bibel wiederfand, heute noch als Partikel eines Thalers, Rubels etc. in der Welt Geschäfte treibt.

Das Geld ist eben Waare par excellence. Die gewöhnliche Waare verlässt über kurz oder lang den Markt als Gut; das Geld wird nie zum Gut, es erreicht niemals den Consumenten; jeder kauft das Geld nur um es wieder loszuschlagen.

Wie man nun die Waare nicht anders als gegen Geld verkaufen kann, so kann das Geld nicht anders als gegen Waaren verkauft werden. Wie die Waare den materialisirten Bedarf an Geld vorstellt, so vergegenständlicht das Geld den Bedarf an Waaren. Wo viel Geld circulirt, da ist auch der Bedarf an Waaren gross, wo kein Geld circulirt, da kann sich auch kein

Bedarf an Waaren zeigen, wenn gleich die Bedürfnisse
der Menschen oft sehr gross sein mögen. Das Geld,
welches der Bankier in seinem Keller aufbewahrt, kann
sich jeden Augenblick über den Markt ergiessen und
einen gewaltigen Bedarf an Waaren erzeugen, während
die 1000 armen Teufel, die die Schätze des Marktes
beliebäugeln, den Preis der Waaren nicht um ein Atom
herauftreiben. Sie können ihre Bedürfnisse nicht bethätigen.
Die Thaten aber gelten allein auf dem Markte,
— fromme Wünsche aber sind dort billiger noch als
anderswo.

Der Bedarf an Waaren wird somit in erster Linie
von dem Vorrath an Geld abhängig sein und zwar je
grösser dieser Vorrath, umso grösser jener Bedarf.
Mit der Einführung der mit den Geldprivilegien ausgestatteten
Assignaten der ersten franz. Republik,
wuchs auch der Bedarf an Waaren, wie die jene Geldvermehrung
begleitende Preissteigerung der Waaren
beweist. Die Einfuhr der Milliarden in Deutschland
hatte genau dieselbe Wirkung und die Weizenpreise,
welche die Farmer zur Zeit der Greenbacks erzielten,
sind seit der Zurücknahme dieses Geldes nie mehr
erzielt worden. In England, in Russland, in Italien,
in Oesterreich stiegen und fielen die Preise der Waaren,
je nachdem Papiergeld ausgegeben wurde oder eingezogen
wurde. Der Bedarf an Waaren steht also, wie
diese Thatsachen beweisen, im direkten Verhältniss zur
Höhe des Geldvorraths; in erster Linie wird die Höhe
der Preise durch den Geldbestand dominirt.

Von allgemeinem Preisfall (Ueberproduktion, sagt
man gewöhnlich) spricht man im allgemeinen nur dann,
wenn auf Betreiben der sogenannten Geldverbesserer
der Geldbestand herabgedrückt wurde, sei es durch
Einziehung von Papiergeld, sei es durch Einschränkung
der freien Metallprägung. Und umgekehrt, von allgemeiner
Hausse (Unterproduktion) spricht man immer
nur dann, wenn auf Betreiben der sogenannten Geldverschlechterer
(Inflationisten) der Geldbestand durch
Freigabe der Metallprägungen und durch Ausgabe von
Papiergeld vergrössert worden ist.

Die Geldverbesserer und Geldverschlechterer können

aber nur durch den Staat zu ihrem Ziele gelangen und
die Entscheidung, ob das Geld billig (schlecht!) oder
theuer (gut!), ob der Preis der Waare hoch (schlecht)
oder niedrig (gut), ob der Bedarf an Waaren gross
(schlecht) oder klein (gut) sein werden, liegt in letzter
Instanz in den Händen des Staates. Ob der Weizen,
das Holz, der Tagelohn, die Industrie-Aktien 10 (Geldverbesserer) oder 100 (Geldverschlechterer) kosten sollen,
hängt davon ab, ob die Geldverbesserer oder Geldverschlechterer die Majorität in der Regierung haben,
hängt ab davon, wie der Staat die Allgewalt des Geldmonopols handhabt. Dies steht fest; dies ist Thatsache und diese Thatsache wollen wir uns merken.

Einflüsse, denen das Geldangebot unterliegt

Das Geld vertritt den Bedarf an Waaren; es ist die Nachfrage in Person, die materialisirte Nachfrage; das greif-, sicht- und abschätzbare Zeichen der Nachfrage. Ueber den Bedarf an Waaren (Nachfrage) liefert mir für meine kaufmännischen Operationen ein Blick in die Taschen der Bürger eine bessere Unterlage, als in den Magen derselben. Trotz der Hungersnoth ist in Indien der Preis des Weizens gefallen.

Die treibende Kraft, welche im Gelde den Bedarf an Waaren unterhält, ist die eminente Waareneigenschaft des Geldes, die absolute Nutzlosigkeit für den Gebrauch des Besitzers.

Wie ein Wagen nur durch die Bewegung dem Besitzer nützlich wird, so wird es das Geld nur durch den Verkauf, durch den Eigenthümerwechsel, durch die Circulation. Das Geld trägt also in sich selbst die Eigenschaft, welche es in Circulation bringt.

Von den Waaren sagten wir, dass deren Vorrath im umgekehrten Verhältniss steht zur Schnelligkeit, womit sie den Weg vom Producenten zum Consumenten zurücklegen; da aber das Geld sich nicht allein bewegt, sondern circulirt, d. h. immer wieder die zurückgelegte Bahn von neuem betritt, so ist offenbar dieser Satz auf das Geld nicht anwendbar. Im Gegentheil, je schneller das Geld im Kreise sich bewegt, umso öfter wird es den Kreis beschreiben, umso mehr Waare wird es aus seiner Bahn werfen. Das Feld, welches das Geld beherrscht, wächst mit der Schnelligkeit, womit es seine Besitzer wechselt; der Bedarf an Waaren steht in direktem Verhältniss zur Schnelligkeit der Geldcirculation. Auch die Eisenbahnwagen bewältigen umso grössere Gütermassen, je schneller sie circuliren und der Bedarf an Ladung steht in direktem Verhältniss zur Schnelligkeit der Beförderung. Da nun die Triebkraft, welche das Geld in Circulation setzt, am Gelde haftet, so gehört nicht viel Ueberlegung dazu, um einzusehen, dass das Geld danach strebt in der Circulation die Maximal-Schnelligkeit zu erreichen, welche die gegebenen Handelseinrichtungen gestatten. Denn wenn der Verkauf des Geldes allein Nutzen bringt, so ist es klar, dass der Nutzen mit der Schnelligkeit der Circulation wachsen muss. Das normale Geld wird also stets den Record zu brechen suchen.

Nun sollte man glauben, dass die Schnelligkeit der Geld-Circulation an sich keine Grenzen kennt, denn wir können uns thatsächlich kein Tempo denken, welches nicht noch überschritten werden könnte. Sehen wir uns aber die Sache etwas näher an, so erkennen wir gleich, dass zu einer bestimmten Zeit die gegebenen Handelseinrichtungen dieser Schnelligkeit scharf markirte Grenzen ziehen. Wir können uns ja auch für die Eisenbahn kein Tempo denken, welches nicht durch irgend welche Einrichtung überboten werden könnte, aber für heute liegt die Schnelligkeit der Fahrt innerhalb der Grenzen, welche die fertigen Maschinen und der Unterbau der Bahn scharf und deutlich vorzeichnen. Und auf dem Markte gilt das „heute"; die Zukunft wird nur, so weit sie klar übersehbar ist, diskontirt.

Die Circulation des Geldes besteht in dem Uebergang des Geldes von einem Käufer auf den andern und die Einrichtungen, die nöthig sind um diesen Uebergang zu ermöglichen, bestehen: in der Hauptsache in der Homogenität der verschiedenen Münzen, wodurch Umrechnung, Abschätzung, Wechseln vermieden wird und im Börsen- und Bankwesen, wodurch der Transport des Geldes vermieden wird.

Das Geld circulirte z. B. nicht immer so frei und sicher wie heute. Der Mangel an Gleichförmigkeit in den Münzen der verschiedenen deutschen Staaten machte häufiges Wechseln, Umrechnen und Abschätzen nöthig und der Mangel an Banken und Börsen, wo ein Ausgleich der Forderungen stattfinden konnte, brachte es

mit sich, dass immer mehr Geld von einem Orte zum
andern unterwegs war, als in den Kassen der Kaufleute. Das Wegelagern der Raubritter war früher ein
einträgliches Geschäft; heute würde es wenig mehr
an baarem Gelde einbringen. Um ein einziges Ueberseegeschäft zu liquidiren trieb sich das Geld oft jahrelang auf dem Ocean herum und unzäblbar sind die Millionen an baarem Gelde, die in Schiffbrüchen in früheren
Zeiten verloren gingen.

Das alles hat sich seitdem geändert. Nur der
Saldo wird heute transportirt und dieser sogar wird meistens auf neue Rechnung übertragen. Das Geld treibt
sich nicht mehr auf dem Meere und Landstrassen
herum, sondern auf den Märkten und die Zeit, die dadurch gewonnen wird, ist der Geldcirculation gewonnen.
Ein Umrechnen, Wechseln und Abschätzen der Münzen
innerhalb der Landesgrenzen ist durch die Münzreform
unnöthig geworden und ohne irgendwo auf Widerstand
zu stossen, ohne aufgehalten zu werden, in freier Bahn,
wie der Mond um die Erde, zieht das Geld seine Kreise
durch die Märkte des Landes.

Durch die Münzreform, durch die Einrichtung der
Banken und Börsen, durch den geregelten Postverkehr
(Postanweisungen) ist die Schnelligkeit der Geldcirculation gegen früher ganz bedeutend gewachsen und
ein Thaler von heute wirft vielleicht zehnmal so viel
Waare aus dem Markte wie vor hundert Jahren; die
Leistungsfähigkeit des Geldes hat sich durch genannte
Einrichtungen verzehnfacht. Der Bedarf an Waaren,
den ein Thaler vertritt, ist gegen früher um das zehnfache gewachsen.

Aber noch in einer anderen Richtung haben die
genannten Reformen und Einrichtungen auf die Beschleunigung der Geldcirculation, auf die Leistungsfähigkeit des Geldes gewirkt. Verblieb nämlich früher
dem Bauer nach Deckung seiner Bedürfnisse ein Ueberschuss an Geld, so verbarg er denselben in seinem
Hause; jetzt bringen die Spar- und Depositenbanken
diese Ueberschüsse wieder in Circulation. Es sind nicht
wenige Millionen, die auf diese Weise ihrem Berufe
erhalten werden, und der Bedarf an Waaren ist durch

die Einrichtung dieser Sparbanken nicht wenig gestiegen. Wenn heute die Depositäre ihre Gelder durch die Banken vom Markte zurückziehen würden, so würde der Bedarf an Waaren einen herben Stoss erleiden und die Preise der Waaren würden wegen mangelnder Nachfrage um die Hälfte vielleicht fallen. Dies erleben wir übrigens von Zeit zu Zeit und zwar beim Ausbruch jeder neuen Krisis. Das Volk stürmt die Banken, heisst es; es kehrt zur Schatzbildung zurück und der Erfolg ist, dass wegen Mangel an circulirendem Gelde der Bedarf an Waaren in genau demselben Verhältniss abnimmt.

Nirgendwo tritt der Einfluss der Geldcirculation auf den Bedarf an Waaren wohl klarer zu Tage, wie in solchen Zeiten allgemeinen Misstrauens, in Zeiten finanzieller Krisen. Das Geld ist zwar da, kein Pfennig ist davon verschwunden, aber es circulirt nicht und der Bedarf an Waaren ist um den Betrag des versoharrten Geldes zurückgegangen. Es herrscht dann, wie man im Volke zu sagen pflegt, „Ueberproduktion!"

Anm Ist es nicht merkwürdig und regt es nicht zum Nachdenken an, dass es sich immer nur um Geldkrisen handelt, wenn Krisen in der Wirthschaft eintreten? Eine Waarenkrisis, wo das Angebot von Waaren zurückgehalten wird, wo die Waaren verschärrt werden, hat man noch niemals erlebt. Das Angebot ist immer da. Es handelt sich immer nur um Geldkrisen, weil das Geld vom Markte zurückgezogen und verscharrt wird. Weil es unmöglich ist die Waaren vom Markte zurückzuziehen giebt es keine Waarenkrisen. Wäre es unmöglich, das Geld zu verscharren, so gäbe es auch keine Geldkrisen.

Recapitulation.

Der Bedarf an Waaren ist also auf dem Markte mit dem Vorrath an Geld vertreten.

Der Bedarf an Waaren wächst mit dem Vorrath an Geld; er fällt auch mit diesem Vorrath.

Die Höhe des Geldvorraths hängt davon ab, wie der Monopolinhaber das Geld verwaltet. Die Entscheidung, ob der Bedarf an Waaren zu- oder abnehmen soll, liegt beim Staate. Das Monopol giebt dem Staate die Mittel in die Hand den Bedarf an Waaren auf dem Markte zu reguliren. Ob in Folge steigenden Bedarfes eine allgemeine Hausse oder in Folge abnehmenden Bedarfes eine allgemeine Baisse eintreten soll, wird davon abhängen, ob der Staat den Geldbestand vermehren oder vermindern wird, ob die Geldverbesserer (theures Geld) oder die Geldverschlechterer (billiges Geld) die Mehrheit in der Regierung haben.

Neben der Menge Geldes, welche der Staat in Circulation setzt, tritt als Faktor des Bedarfes an Waaren die Schnelligkeit der Geldcirculation in die Rechnung.

Die Schnelligkeit der Geldcirculation wird materiel begrenzt durch die heute bestehenden Handelseinrichtungen. Die Wirksamkeit des vom Staate ausgegebenen Geldes wächst mit jeder Verbesserung, welche die Handelseinrichtungen erfahren und der Staat, der mit Hülfe des Geldmonopols die oberste Controle über den Bedarf an Waaren ausübt, wird daher zur Handhabung dieser Controle nicht einseitig das Geldquantum zu Rathe ziehen dürfen, sondern auch die, die Geldcirculation beeinflussenden Handelseinrichtungen.

Nicht die Quantität allein, sondern auch die Qualität des Geldes muss in der Verwaltung des Geldmonopols berücksichtigt werden.

Entzieht sich aber die Geldcirculation dem direkten Einflusse des Staates, kann der Staat nicht verhindern, dass das Geld bald dem Markte entzogen und verscharrt wird, bald wieder ausgegraben und dem Markte zugeführt wird, so bleibt dem Staate, um die Wirkung dieser Unregelmässigkeit in der Geldcirculation zu compensiren, nichts anderes übrig als die Millionen, welche die Privatleute heute verscharren, durch neues Geld zu ersetzen und die Millionen, welche morgen wieder ausgegraben werden, durch Zurücknahme eben so vielen Geldes auszugleichen.

Anm. Erkennt man die Unmöglichkeit einer solchen Verwaltung des Geldes und sieht auf der andern Seite die Nothwendigkeit einer Regulirung des Geldangebots ein, so stellt sich die Forderung einer staatlichen Regulirung der Geldcirculation als unabwendbare Nothwendigkeit von selber ein.

Ziffernmässige Darstellung der Preisbildung des Geldes.

Wenn wir die bis jetzt besprochenen Factoren, welche in die Preisbildung des Geldes eingreifen zur leichteren Uebersicht in die Form von Ziffern kleiden, so erhalten wir folgende Tabelle:

Bedarf an Geld.	Werth Einheiten	Einheiten	Angebot von Geld.
a) Die Besitz- und Arbeitstheilung beschickt den Markt mit einem continuirlichen Waarenstrom von	1000	1000	a) Das vom Staate in Umlauf gesetzte Geld erzeugt auf dem Markte einen continuirlichen Waaren Bedarf von . . . .
b) Diese Waarenproduction wird durch Erweiterung in der Besitztheilung um 10 % verstärkt	100	100	b) Dieser Bedarf erfährt durch Vermehrung der Geldmasse eine Verstärkung von 10 % .
c) Durch Zunahme der Bevölkerung und Vermehrung der Arbeitstheilung wächst die Waarenzufuhr um weitere 20 %.	200		c) Durch Verbesserung der Münzverhältnisse, namentlich durch Abschaffung des Münzregals der Kleinstaaten erfährt die Geldcirculation eine Beschleunigung wodurch der Bedarf an Waaren um weitere 10 % steigt.
d) Durch Verbesserung der Productionsmittel (Veredelung der Samen, Erfindung von neuen Maschinen und Productions-Verfahren etc.) wächst die Waarenproduction um 10 % quantitativ und um 30 % qualitativ	400		d) Die materiellen Grenzen, welche der Geldcirculation durch die heute bestehenden Handelseinrichtungen gezogen sind, erfahren durch die Gründung von Banken, durch Verbesserung der Post etc. eine Erweiterung, wodurch wieder der Waarenbedarf um 10 % vermehrt wird . . . .
e) Durch der Bau von Bahnen, d. Erschliessung neuer Handelsgebiete etc. erfährt die Waarenzufuhr eine Vermehrung von 10 %.	100	100	
	1800	1800	

Ziffernmässige Darstellung d. Preisbildung des Geldes

e) Auch dadurch erfährt das Angebot von Geld, resp. der Bedarf an Waaren eine neue Verstärkung, dass durch Errichtung von Spar- und Depositenbanken, die sonst zu Sparzwecken verscharrten Gelder durch jene Banken dem Markte wieder zugeführt werden, wodurch der Bedarf an Waaren um 30 % steigt.

f) Wie wenig Verlass aber diese Quelle für die Verproviantirung des Marktes mit Geld bietet, erfährt man bei dem ersten, besten Conjuncturwechsel. Urplötzlich werden diese Schätze von den vorsichtigen Depositären zurückverlangt um sie wieder zu verscharren und die hierdurch verursachte Drainage des Geldmarktes verursacht eine Abnahme des Waarenbedarfes um 20 %.

	Werth	
	Ein-heiten	Ein-heiten
	1800	1800
f) Andererseits gelangen jetzt die Waaren durch Verbesserung der Handelseinrichtungen, durch Vermeidung des Zwischenhandels auf geradem, d. h. verkürztem Wege zum Consumenten und da die Waarenmasse im umgekehrten Verhältnisse zur Schnelligkeit ihres Abflusses steht, so nimmt durch diese verbesserten Einrichtungen das Angebot von Waaren um 10 % ab	180	300
	1620	1600
g) Ferner erfährt das Angebot von Waaren dadurch eine Abnahme, dass ein grosser Theil der sonst gegen Baargeld verkauften Waaren durch Erweiterung der Creditgeschäfte den Markt ohne Intervention des Geldes verlassen, wodurch der Bedarf an Geld um 20 % abnimmt	324	200
	1296	1400

Es stehen hiernach also 1296 Waareneinheiten 1400 Geldeinheiten gegenüber was einem Preise von Wertheinheiten 1,08 für die Waareneinheit entspricht.

Betrachtungen, die sich an diese Tabelle knüpfen lassen.

Auffällig tritt bei Betrachtung dieser Tabelle die überwiegende Macht zu Tage, welche bei der Werthbestimmung des Geldes der Inhaber des Geldmonopols „der Staat" ausübt oder wenigstens auszuüben vermag; denn vom Staate allein hängt es ab, wie viel Geld dem Markte zugeführt wird.

Durch die Metallwährung glaubt man dieser Uebermacht des Staates einen Damm entgegenzustellen, insofern als die Herstellung der Münzen von dem Vorrath an Metallen abhängig ist. Aber wie schwach dieser Damm der durchschlagenden Impositionskraft des Geldmonopols gegenüber ist, haben wir bereits gezeigt.

Die Monopolisirung der Geldfabrikation durch den Staat ist für die Existenz des Geldes überhaupt Vorbedingung und durch eben diese Unentbehrlichkeit des Geldmonopols werden alle Fesseln, die man der Gewalt des Monopols anlegen mag, zu gänzlich unwirksamen, ihren Zweck verfehlenden, lästigen Mitteln oder Mittelchen. Die Goldwährung, resp. das Gold an und für sich bietet keine Garantie gegen den Währungswechsel; ebensowenig das Papier- und Silbergeld. Die Entscheidung ob Gold, ob Silber, ob Papier, ob viel, ob wenig Geld liegt immer bei der Regierung. Die Silberwährung konnte es nicht verhindern, dass die deutsche Regierung dem deutschen Silbergelde noch die französischen goldenen Milliarden zugesellte. Niemand konnte seinem Protest Geltung verschaffen, als der Reichstag die Entmünzung des Silbers beschloss. Vor der Allgewalt des Monopols muss sich jeder beugen. Der Franzose fühlte es wahrscheinlich ganz deutlich, als ihm der Staat mittels der Assignaten das Fell über die Ohren zog, warum aber wehrte er sich nicht — er hatte ja die Silberwährung. Warum wehrte sich der Amerikaner nicht, als ihm die Greenbacks die Tasche leerten — er hatte ja die Doppelwährung. Warum wehrte sich der Engländer nicht, als ihm seine Regierung als Ersatz für die nach dem Continent gesandten Kriegsgelder gemeines Papier zurückliess — er hatte ja die Goldwährung? Warum wehren sich jetzt die Spanier nicht gegen die Imposition des Papiergeldes; warum wehren sich die Oesterreicher und Russen nicht gegen die Imposition der Goldwährung, warum wehren sich die Indier nicht gegen die Entmünzung des Silbers? Weil es vollständig nutzlos wäre, weil das Material des Geldes nicht den geringsten Schutz gegen Währungswechsel bietet, welche von der Monopolverwaltung beschlossen werden.

Und wenn es sich so verhält, warum dann überhaupt noch solche Fesseln?

Die einzige zweckmässige Politik, welche der Staat in Währungsfragen befolgen kann, besteht in der Anpassung des Geldbestandes an die Geldbedürfnisse des Landes und um diese Politik durchführen zu können, darf die Monopolverwaltung des Geldes nicht durch kleinliche, lästige, krämerhafte Mittelchen, wie es die Gold- und Silberwährung ist, in der Ausübung ihrer Monopolrechte und Pflichten behindert werden. Der Bedarf an Geld allein und nicht die Goldgräber haben zu bestimmen, wie viel Geld der Staat fabriziren und in Umlauf setzen soll; der Bedarf an Geld allein hat zu bestimmen, ob der Geldbestand vermehrt oder vermindert werden soll und das Material zum Gelde muss daher dem Staate in unbeschränkter Masse zur Verfügung stehen. Eine besondere materielle Garantie gegen den Missbrauch der Monopolgewalt durch den Staat brauchen wir nicht — weil es keine solche giebt, wie es ja auch keine Garantie dagegen giebt, dass der Staat die Waffen, die wir ihm zu unserer Vertheidigung gegeben haben, uns gegenüber missbraucht.

Nehmen wir nun den Fall an, dass in der Industrien eine Erfindung gemacht wird, welche auf die qualitative und quantitative Waarenproduktion einen ähnlichen

Einfluss ausübt, wie ihn die Erfindung der Dampfmaschine ausgeübt hat. Sofort wächst der Bedarf an Geld um die volle Differenz des durch diese Erfindung vermehrten Waarenangebots und wenn diesem wachsenden Bedarf an Geld der Staat kein entsprechendes Mehrangebot von Geld sofort entgegenwirft, so wird ein allgemeiner Preisfall, eine intensive Wirthschaftskrisis unvermeidlich eintreten. Hat dagegen der Staat die Befugniss und die Mittel den Geldbestand des Landes den Bedürfnissen des Marktes anzupassen, so wird dem grösseren Angebot von Waaren eine grössere Nachfrage entgegentreten und die Preise werden nicht fallen, die Krisis wird nicht eintreten.

Anm. Das aus werthlosem Material kostenlos hergestellte Geld bringt der Staat in der Weise in Umlauf, dass er Werthe aller Art — vornehmlich seine eigenen Schuldtitel, dann vielleicht auch Land, Wälder, Minen, ausländische Wechsel aufkauft und diese Werthe dazu benutzt im Falle einer Conjuncturveränderung durch Verkauf einen Theil, resp. den Ueberschuss des circulirenden Geldes wieder einzuziehen.

Diese Conjuncturveränderung und die durch dieselbe gebotene Verminderung des Geldbestandes kann natürlich alle Tage eintreten. Es genügt z. B., dass in Folge besserer Friedensaussichten das Vertrauen in die Zukunft befestigt werde, um sofort den Creditoperationen neuen Impuls zu geben, wodurch der Bedarf an baarem Gelde häufig sehr beträchtlich fällt. Dasselbe Vertrauen bewirkt ja auch, dass das von zahllosen Sparern verscharrte Geld, den Banken zurückgegeben und durch diese wieder in Circulation gesetzt wird.

Wenn in solchen Fällen der Staat nicht mit compensatorischen Massregeln eingreift, so schiessen die Preise unter dem Impuls mangelnden Bedarfes an Baargeld und gleichzeitigen grösseren Angebotes sofort in die Höhe, wie man das ja heute häufig beobachten kann.

Bei einer geordneten Verwaltung des Geldmonopols kann in der Staatskasse stets der Gegenwerth des gesammten umlaufenden Geldes aufgespeichert sein, nicht in Gold, in todtem Kapital, sondern in zinstragenden Titeln aller Art, denn der Staat setzt das Geld ja durch Ankauf solcher Titel in Umlauf.

Und wenn der Staat die Mittel hat den Geldbestand nach Bedarf zu reduziren und die Befugniss hat den Geldbestand nach Bedarf zu vermehren, so steht es ja in seiner Macht den Geldbestand den wechselnden Bedürfnissen des Marktes anzupassen. Und wenn es sich so verhält, warum suchen wir die Lösung der Währungsfragen anderswo als in einem Gesetz, wodurch der Staat befugt wird, Geld nach Bedarf einzuziehen und auszugeben? Oder ist diese Lösung der Währungsfrage zu einfach, zu selbstverständlich, zu trivial? Die Wahrheit klingt ja, sowie sie sich aus dem Chaos von Vorurtheilen durchgewunden hat, in Folge ihrer Einfachheit, immer trivial.

Die Besitz- und Arbeitstheilung schuf den Bedarf an Geld und dieser Bedarf bildet die Grundlage für den Werth des Geldes. Das Geld kann nur existiren wenn der Staat die Herstellung monopolisirt. Die eiserne Nothwendigkeit des Geldmonopols verleiht dem Staate die Macht aus dem Gelde zu machen, was ihm beliebt, und die Bedürfnisse des Verkehrs fordern, dass der Staat diese Macht dazu benutzt, um für das Geld einen festen Preis zu erhalten und unter Umständen zu erzwingen. Dies erreicht der Staat indem er den Geldbestand des Landes, den sich aus der Waarenpreisstatistik (s. Seite 30) ergebenden Geldbedürfnissen anpasst. Die Mittel dazu muss dem Staat das Monopol des Geldes selber in Hülle und Fülle liefern.

Man hat bei Besprechung von Währungsfragen oft gesagt, dass der Staat sich diesen Fragen gegenüber neutral zu verhalten hat. Nichts ist berechtigter als diese Forderung, denn mit den Währungsfragen sind Privatinteressen von ungezählten Milliarden verknüpft und das Recht fordert, dass der Staat diesen Interessen gegenüber parteifrei bleibe.

Aber man hat bei den Währungsfragen sehr oft Passivität mit Neutralität verwechselt und gesagt, dass der Staat sich bei allen Währungsfragen passiv zu verhalten hat, um die Neutralität nicht zu brechen. Als ob es möglich wäre sich in einer aktiven Sache passiv zu verhalten? Ein Monopol ist immer aktiv und die **dauernde Aufrechterhaltung eines Monopols bedeutet eine dauernde aktive Handlung.** Passiv könnte sich daher der Staat in den Währungsfragen nur durch Aufgabe des Monopols verhalten.

86 Betrachtungen, die sich an diese Tabelle knüpfen lassen

wie der Staat sich den eigenen Gesetzen gegenüber nur durch Aufgabe der Gesetze passiv verhalten könnte. Wie ein Richter aber in einer Streitsache die gebotene Neutralität wahrt, indem er aktiven Gebrauch des Rechtes macht, so kann auch der Staat in den heutigen Währungsfragen nur durch aktive Ausbeutung seiner Monopolgewalt die Neutralität wahren. Diese Neutralität besteht aber in der unter allen Umständen, rücksichtslos durchgeführten Befestigung des Geldpreises.

Eine andere Neutralität als diese giebt es nicht für den Staat in Währungsfragen und eine andere Währungspolitik als die, welche die Gesetze der Neutralität diktiren, soll es in einem Rechtsstaate nicht geben.

Der Staat soll sich neutral verhalten und eine neutrale Währungspolitik kann nur die Festigkeit des Geldpreises als Ziel haben. Der Preis wird aber durch Nachfrage und Angebot bestimmt und ein fester Preis für das vom Staate in Circulation gesetzte Geld kann nur dann erzielt werden, wenn der schwankenden Nachfrage für Geld das Angebot sorgfältig angepasst wird. Dies kann aber weder mit der Gold-, noch Silber-, noch Doppelwährung jemals geschehen. Eine solche Anpassung ermöglicht allein die Papierwährung.

Sagte nicht schon Ricardo: „Das Geld in seiner ganzen Vollkommenheit ist aus Papier gemacht!" Warum? Jedenfalls weil er einsah, dass nur die Papierwährung dem Staate gestattet zu jeder beliebigen Zeit den Geldbestand dem Wechsel der Bedürfnisse des Marktes anzupassen.

Durch Ausgleich zwischen Nachfrage und Angebot kann sich aber nur allein ein fester Preis erhalten.

Ja, die einfache, nackte Papierwährung in Verbindung mit einem Gesetze, welches den Staat ermächtigt, den Bedürfnissen des Waarenmarktes entsprechend den Geldbestand des Landes zu erweitern und einzuschränken, kann die Währungsfrage lösen.

Also mit der verpönten Papierwirthschaft*), mit fictiven Werthen, mit Quacksalben soll die Währungsfrage gelöst werden? Mit der von allen Völkern der Welt als Fluch betrachteten Papierwirthschaft? Aber nur Geduld.

Für's erste! Welche wirthschaftlichen Nachtheile können von der Papierwährung erwartet werden, für welche nicht direkt Missbräuche der Monopolverwaltung des Geldes verantwortlich gemacht werden können und gegen welche die Metallwährung sich ebenso schutzlos erweist? Keine. Es liegt eben nicht an dem Papierstoff des Geldes, wenn der Staat zu der maasslosen Geldausgabe schreitet, welche den Werth des Geldes auf einen Bruchtheil seines ursprünglichen Preises reducirt, sondern einfach an der leichtsinnigen, dilettantenhaften, unkaufmännischen Verwaltung des Geldes, denn dass die Metallwährung gegen solche Machtübergriffe auch schutzlos ist, haben wir des öfteren schon nachgewiesen.

Kann man aber die Maschine dafür verantwortlich machen, wenn sie ein ungeübter, ungelehriger Arbeiter in Unordnung bringt? Nein. Ja, aber warum dann die Papierwährung verantwortlich machen, wenn ungeübte, in kaufmännischen Fragen ganz naive Männer einen so empfindlichen Apparat, wie die Währung in den Sumpf führen, wenn Zucht- und Tollhäusler als Maschinisten wirthschaften?

Fragt doch die Finanzminister, welche mit der Papierwährung gewirthschaftet haben, was sie unter festem Geldpreis verstehen und wie man diesen Preis erzielen soll, wo Geldbedarf herrscht, woher der Geldbedarf kommt etc. und man wird regelmässig Antworten „á la Jobs" erhalten.

Und wo sollen sie auch die zur Verwaltung einer rein kaufmännischen Verkehrsanstalt die nöthigen, reinen, unverfälschten kaufmännischen Kenntnisse her haben?

---

* Anm. Bamberger spricht in seinem Buche «Reichsgold» stets nur von Papierwirthschaft, der er die Goldwährung gegenüber stellt.

Aber noch eins ist hier zu betrachten. Wann haben die Völker zur Papierwährung gegriffen? Immer, ausnahmslos nur in Kriegs-, Revolutions- und Krisiszeiten, als ein billiges, bequemes Mittel den Staatsfinanzen aufzuhelfen. Niemals, ich wiederhole es, niemals hat man in völlig ungezwungener Lage desshalb die Papierwährung eingeführt, weil man für den Handel und Verkehr Vortheile davon erwartete. Im Gegentheil. Nachdem die unter der Herrschaft der Goldwährung ausgebrochene Wirthschaftskrisis mit Hülfe der Papierwährung beseitigt worden ist, hat man diese wieder abgeschafft und dadurch erreicht, dass in Folge der natürlichen Association der Gedanken, die Papierwährung im Volke die Erinnerung an Krisis, Noth und Theuerung erweckt.

Fictive Werthe nennt man das Papiergeld und diesen fictiven Werthen stellt man das massive, glänzende, goldene Geld als positiven Werth gegenüber.

Nur der Laie, ein Mann, der nie Handel getrieben, kann von fictiven Werthen sprechen. Fictive Werthe giebt es nicht, ebenso wenig wie es fictive Körper geben kann. Der Werth ist immer positiv. Wer von fictiven Werthen spricht, unterscheidet nicht klar zwischen Werth und Stoff, Geld und Geldmaterial; er wirft Werth und Stoff in einen Topf und aus diesem Topf entsteigt der neue Begriff „fictiver Werth."

Sie sprechen dem Papiergeld den positiven Werth ab, weil man aus demselben keine Ohrringe für die Damen, keine Uhrketten für die Bauern machen kann, weil das Material des Papiergeldes werthlos ist.

Schabt man die Farben von einem Rubens zusammen, so hat man auch ein Material, dass sich noch anderweitig wird verwerthen lassen können, aber zwischen dem Rubens und der Farbenmixtur wird man umsonst nach irgend welcher kaufmännischen Verwandtschaft suchen. Entzieht man einem König die Krone, was bleibt?

Es heisst aber thatsächlich die Farben eines Rubens mit diesem selbst, die Krone mit seinem Träger verwechseln, wenn man den Papierstoff des Geldes mit diesem selbst in Beziehung bringt. Entziehen wir dem

Papiergeld die Privilegien, die es zu Geld machen, so bleibt allerdings nur eine Farbenmixtur, ein entthronter König, eine Fiction zurück, aber diese Entziehung der Privilegien muss vorangehen und so lange dies nicht geschieht, kann von einer Fiction nicht die Rede sein. Und wenn auch dem Papiergeld die Geldprivilegien entzogen würden, so verbliebe immer noch als positiver Werth die Entschädigungspflicht des Staates zurück. Oder ist diese Entschädigungspflicht vielleicht auch Fiction?

Wenn dies der Fall ist, wie kommt es, dass die Schuldtitel der Staaten, die ja auch schliesslich nur eine Entschädigungspflicht für geleistete Dienste als Rückgrat haben, im allgemeinen als die sichersten Werthe geschätzt und bezahlt werden? Wenn das Papiergeld, resp. die Entschädigungspflicht des Staates Fiction ist, wie kommt es, dass dies Geld stets höher auf dem Markte taxirt wird, als die Schuldtitel derselben Regierung?

Diese Entschädigungspflicht des Staates kann nur dort Fiction sein, wo die Regierung sich aus Räubern und Betrügern zusammenstellt, sonst aber in einem geordneten Staate ist das Papiergeld das sicherste, feinste, bestgarantirte Werthobjekt des Marktes.

Das Metallgeld bietet in dieser Beziehung bei Weitem nicht dieselbe Sicherheit, weil die Entschädigungspflicht im Falle einer Entwerthung oder Entmünzung zweifelhaft oder wenigstens erst nachzuweisen ist. Das Metall soll ja gesetzlich das Aequivalent der Münze sein. Als nach den kalifornischen Goldfunden das Geld sich in der ganzen Welt entwerthete, hat Niemand von Entschädigungspflicht gesprochen. Ebenso wenig in Deutschland nach der Einführung der Milliarden und man erkennt hieraus, dass im Falle einer Entziehung der Geldprivilegien die Inhaber goldener Münzen die Entschädigungspflicht erst nachzuweisen hätten.

Das Geld ist die unentbehrlichste und nützlichste aller Waaren; der Bedarf an Geld läuft parallel mit der Besitz- und Arbeitstheilung; so lange also Waaren überhaupt existiren, so lange werden Tauschmitte nöthig sein und wird auch Bedarf an Geld existiren — ganz gleichgültig ob Metall- oder Papiergeld. Das Geld — und anderes Geld als das vom Staate gefertigte Geld kann es nicht geben — hat die Quelle des Werthes zur Garantie. Giebt es sonst auf dem Markte noch eine Waare, die eine solch solide Garantie aufzuweisen vermag? Und eine mit solchen Privilegien garantirte Waare nennt man Fiction?

Nationale und Internationale Währung.

Durch Ausgleich zwischen Nachfrage und Angebot kann allein ein fester Geldpreis erzielt werden und diesen Ausgleich gestattet allein die Papierwährung, weil das Material des Papiergeldes allein eine Anpassung des Geldangebots an den Geldbedarf des Marktes ermöglicht.

Wenn man bisher mit der Papierwirthschaft das gerade Gegentheil fester Preise erzielt hat, so liegt das, wie nachgewiesen wurde, ausschliesslich an der Verwaltung des Geldmonopols, resp. an dem völligen Mangel an einer solchen Verwaltung.

Man hat bisher bei der Verwaltung des Geldes die Geldbedürfnisse des Fiskus mit denjenigen des Marktes verwechselt; man hat es überhaupt noch nicht für der Mühe werth gehalten ein einwandfreies Maass (Waarenpreisstatistik) für den Geldbedarf des Landes zu schaffen; man hat Geld ausgegeben, wenn solches eingezogen werden musste und umgekehrt; man hat auch öfters geglaubt das beste Mittel um Preisschwankungen zu verhüten bestände in einem festen, ehernen Bestand an Geld; kurzum man hat mit dem Papiergeld gewirthschaftet bis man die Papierwirthschaft satt war und das Kind mit dem Bade ausgoss.

Uebrigens sind die Preisschwankungen des Papiergeldes, selbst bei der gründlichsten Misswirthschaft bei weitem nicht so bedeutend wie allgemein angenommen wird. Womit hat man diese Preisschwankungen denn gemessen? Mit dem Gold, mit dem Wechselkurs. Aber dieses Maas ist von Kautschuk, wie die Bimetallisten behaupten und mehr als eine einfache Behauptung ist es, dass das Maas womit der

Preis des Papiergeldes heute gemessen wird selber grosse und häufig plötzliche Veränderungen in seinen Dimensionen erleidet. Man hat ja für das Gold auch noch kein einwandfreies Maass geschaffen und auf die Behauptung, dass das Gold im Preise gestiegen ist, wird im Reichstage immer noch erwiedert, dass der Preis des Goldes im Gegentheil gefallen ist. Die Beweise für diese Behauptungen fehlen gänzlich, trotzdem aber kann man heute ungestraft, selbst im Parlamente behaupten, dass die Wechselkursschwankungen mit Ländern mit Papier und Silberwährung in Preisschwankungen des Papier- und Silbergeldes begründet sind, während häufig die Ursache in Preisschwankungen des Goldes zu suchen wäre.

Als Beweis hierfür mag die Thatsache angeführt werden, dass in den Jahren 1890 — 1892, wo die Preise in den Goldwährungsländern sehr niedrig waren der Wechselkurs mit sämmtlichen Ländern mit Papier und Silbergeld gestiegen war. In Indien, Italien, Spanien, Brasilien, Uruguay, Argentinien, Chile fiel der Wechselkurs auf die Goldwährungsländer. Trotzdem wird die Ursache dieser Erscheinung immer nur beim Papiergeld gesucht.

Der Wechselkurs ist somit kein Maass für die Constatirung von Preisschwankungen des Geldes und alle Beweise für die Unbeständigkeit des Papiergeldpreises entbehren der Beweiskraft so lange sie sich auf den Goldpreis oder auf den Wechselkurs stützen. Kann man denn überhaupt bei Preisschwankungen von "Schuld,, sprechen, kann man die "Schuld„ an den Preisschwankungen einseitig beim Angebot oder bei der Nachfrage suchen? Mir erscheint dies Suchen nach der "Schuld,, als die müssigste Arbeit der sich Jemand widmen kann. Warum hinkt denn jener Mann? Weil das eine Bein zu kurz oder weil das andere zu lang ist?

Der Geldpreis kann in einem Lande mit Papierwährung sehr fest sein und trotzdem wird der Wechselkurs auf Länder mit Goldwährung starke Schwankungen erleiden. Was aber nicht vorkommen kann, das sind Schwankungen im Wechselkurs zwischen

Ländern mit einem festen Geldpreis, ob dies nun
Metall- oder Papiergeld ist bleibt gleichgültig. Angenommen zwei oder mehrere Länder vereinbaren
die Papierwährung einzuführen und den Wechselkurs
zwischen diesen Ländern dadurch zu befestigen, dass
jedes dieser Länder das Geldangebot haarscharf den
Geldbedürfnissen des eigenen Marktes anpasst, wobei
als Maassstab für den Geldbedarf eine Preisstatistik
dient, welche in diesen in Betracht kommenden Ländern nach vollkommen gleichen, vorher vereinbarten
Prinzipien geführt wird.

Schwankungen in der Zahlungsbilanz, hervorgerufen durch Ex- und Import von Geld, oder durch
Differenzen in der Handelsbilanz, mit ihrem Reflex
auf den Wechselkurs könnten da nicht mehr eintreten
weil Ex- und Import von Geld ausgeschlossen und
weil Differenzen in der Handelsbilanz durch die Festigkeit der Preise in diesen Ländern zur Unmöglichkeit werden. Differenzen in der Handelsbilanz sind ja
bekanntlich meistens nur Wirkungen von Währungsdifferenzen.

Nach dem grossen Geldimport von 1871/3 fiel
in Deutschland der Wechselkurs weil die Differenz
in dem Geldwerth Differenzen in der Handelsbilanz
erzeugte. Diese Differenzen dauerten so lange an
bis dass die Milliarden wieder abgestossen waren und
dadurch der Geldwerth in Deutschland wieder mit
demjenigen der anderen Länder nivellirt wurde.

In Frankreich verhielt sich die Sache umgekehrt
— hoher Wechselkurs — active Handelsbilanz bis zum
Ausgleich.

In Nord Amerika rühren die häufigen Kursschwankungen in der Hauptsache von der schwankenden Währungspolitik her; in England sind die Kursschwankungen entweder Reflexe der Währungspolitik
fremder Länder, oder Folgen des Währungmangels
des Goldes.

Hätten alle diese Länder einfache, nackte Papierwährung — Währung in des Wortes Bedeutung,
keine Papierwirthschaft — und existirten in diesen
Ländern nationale Gesetze, welche die Geldemissionen

oder die Geldverwaltung nach bestimmten in allen Ländern gleichen Prinzipien regelten, so könnte man mit Bestimmtheit darauf rechnen, dass mit dem Fortfall der Schwankungen in der nationalen Währung auch der Wechselkurs Stabilität erhalten würde, weil ja die heutigen Kursschwankungen doch nur Reflexwirkungen mangelhafter Währung sind.

Wenn in Deutschland A (Waare) gleich B (Geld) ist und in England C (Waare) gleich D (Geld) ist und A ist gleich C, so ist auch B gleich D und Abweichungen hiervon könnten nur höchstens den Betrag der Fracht von A oder C erreichen.

Wir brauchen somit für die Lösung der internationalen Währungsfrage keine Verträge; die internationale Währungsfrage — d. h. die Erzielung eines festen internationalen Wechselkurses — ist an dem Tage gelöst, wo die nationalen Währungsfragen gelöst werden.

Nur eine Verständigung brauchen wir über die Prinzipien, welche bei der Verwaltung des Geldmonopols praesidiren sollen, damit auch wirklich in allen Ländern das gleiche Maass für den Bedarf an Geld geschaffen werde und es sich nicht ereignen kann, dass wie noch jetzt im deutschen Reichstag der eine über Mangel an Geld, der andere aber über Ueberfluss an Geld klagt. Ist einmal die Grundlage einer geordneten, kaufmännischen Währung geschaffen — das Maass für den Geldbedarf -- und wird auf dieser gleichen Grundlage in allen Ländern das Geldmonopol nach gleichen Regeln verwaltet — so ergibt sich ein fester Wechselkurs zwischen all diesen Ländern als nothwendige Folge von selber.

Das Bedürfniss einer nationalen Währung (was wir heute haben verdient den Namen nicht) wird alle Tage dringender empfunden; nicht gering ist auch das Verlangen der Industrie und des Handels nach Beseitigung der Kursdifferenzen, und nicht schwer dürfte es werden international gültige Prinzipien in die Verwaltung des nationalen Geldmonopols einzuführen um beiden Bedürfnissen gerecht zu werden.

Die Sache ist also in der Praxis wie folgt zu
denken:
Die am Welthandel betheiligten Länder führen
die einfache, nackte Papierwährung ein. Das Metallgeld wird gänzlich entmünzt (ausser Kurs gesetzt)
und gegen Papiergeld eingelöst.

Anm. Für diesen Umtausch des Metalles gegen Papier wird
kein gesetzlicher Zwang nöthig sein; der materielle Zwang der
Verhältnisse genügt vollauf. Wer das Metallgeld (jetzt also wirkliche Metallbarren im Sinne Chevalier's) nicht umtauschen will,
mag sie behalten, mag auch sehen wie er sie nach Ablauf der
Umtauschfrist verwerthen wird; denn als Geld haben sie keine
Verwendung mehr. Das gegen Papier eingelöste Metall wird eingeschmolzen und für Industriezwecke verkauft. Dieser Verkaufs-
Erlös wird höchst wahrscheinlich in Folge grossen Preisfalles dieser
Metalle nur einen Bruchtheil des dafür ausgegebenen Papiergeldes
einbringen. Als Verlust ist aber dies nicht zu betrachten, da
diese Preisdifferenz nur den Werth der Geldprivilegien vorstellt,
die vom Metall auf das Papiergeld übertragen wurden. Der Erlös dieser Metallverkäufe wird als Fond für die Regulierung des
Geldpreises aufbewahrt.

Wer jetzt Waare erzeugt kann dieselbe nicht
per Bahn versenden ohne vorher solches Papiergeld
für die Fracht zu kaufen; er kann die Waare auch
nicht an den Mann bringen ohne solches Papiergeld
annehmen zu müssen — denn ein anderes Tauschmittel giebt es nicht und der Tauschhandel ist jetzt
noch ebenso schwer resp. unmöglich wie vorher. Wer
aber Waare erzeugt muss dieselbe verkaufen und
zwar gegen Geld und wer Waare kaufen will muss
dies mit Geld thun.

Es besteht also von vornherein für das Papiergeld derselbe materielle Kauf- und Verkaufszwang, der
für das Metallgeld bis dahin bestand; derselbe Verkaufszwang der den Werth des Geldes garantirt.

Ein gesetzlicher Kurszwang ist vollständig überflüssig, sobald jedes andere Geld kursunfähig wird.

Anm. Diese Kursunfähigkeit würde am einfachsten dadurch
zu erzielen sein, dass der Staat nach Ablauf des Umtausch-Termins den Münzen die Garantie für den Feingehalt entzieht und
jedem frei stellt Münzen mit xbeliebigem Feingehalt zu fabriciren. Wenn erst Münzen von 5—10—15—20 Karat in Circulation
gesetzt werden, wenn jede Münze zur Ermittelung des Feingehalts und des Gewichts bei jedem Handwechsel in den Schmelz-

tigel und auf die Waage wandern muss, dann ist es aus, auch mit der materiellen Kursfähigkeit des Metallgeldes und als Alleinherrscher bleibt dann das privilegirte Papiergeld auf dem Markte zurück.

Der Staat controlirt den Preis des jetzt allein herrschenden Papiergeldes und als Maass für den Werth des Geldes dient ihm der Durchschnittspreis der Waaren, der durch eine sorgfältig geführte Waarenpreisstatistik ermittelt wird.

Ergiebt diese Statistik einen Preisfall der Waaren (Preissteigerung des Geldes), so hebt der Staat die Waarenpreise, indem er zunächst von dem Geldvorrath, der von dem Verkauf des eingelösten Metalles herrührte, so lange Geld in Umlauf setzt, bis dass der Durchschnittspreis der Waaren unter dem Impulse w a c h s e n d e r Nachfrage (grösserer Geldfülle) die normale Höhe wieder erreicht hat. Uebersteigt der Geldbedarf des Landes den in der Monopolkasse vorräthigen Geldbestand, so fabricirt der Staat neues Geld mit dem ihm ja in unbegrenzter Menge zur Verfügung stehenden Papierstoff.

Das Geld setzt der Staat in Umlauf indem er auf den Börsen des Landes Werthpapiere, vor allen Dingen die eigenen Schuldtitel, dann Wechsel auf das Ausland, aufkauft. Diese Werthe hebt der Staat für den Moment auf, wo die Preisstatistik eine Hausse resp. einen Ueberschuss an Geld anzeigt. Dann wird durch Verkauf dieser Werthe der Geldmarkt so lange drainirt, bis dass in Folge von eintretender Geldknappheit die Waarenpreise wieder auf ihr normales Niveau sinken.

D. h. durch Einziehung und Ausgabe von Geld bringt der Staat die Waarenpreise immer wieder auf das normale Maass zurück, sowie sie sich unter dem Einfluss der 1000 fältigen Factoren, welche den Preis zu Stande bringen von diesem zu entfernen drohen. Der Staat hält mit seinen Monopolrechten die Zügel der Preise straff in der Hand; er duldet keine Abweichung von der geraden Linie, weder nach oben, noch nach unten. Der Durchschnittspreis der Waaren bleibt fest.

Die Klagen der Schuldner, dass die Geldverbesserer das Geld vertheuert haben und die Klagen der Gläubiger, dass die Geldverschlechterer das Geld verbilligt haben, verstummen. Unter Berufung auf das Ergebniss der Waarenpreisstatistik weist der Staat solche Klagen als unbegründet zurück. Jeder weiss jetzt, dass das Land eine Währung hat und dass die Wertheinheit von heute noch nach Jahren dieselbe Kaufkraft haben wird. — Niemand wird mehr darüber klagen, dass der Werth seiner Schulden oder Guthaben durch ziellose Wirthschaft in der Monopolverwaltung des Geldes vermehrt oder verringert worden ist. Durch scharfe Anpassung des Angebots an den Geldbedarf des Marktes ist es gelungen Währung in die Währung des Landes zu bringen.

Nun wird es davon abhängen, ob auch andere Länder Ordnung in ihre Währung bringen werden, wenn wir zu den Wohlthaten der nationalen Währung uns auch noch der der internationalen Währung (festen Wechselkurses) erfreuen werden; denn wie das Angebot allein nicht einseitig den Preis bestimmen kann, so kann die Festigkeit des Wechselkurses auch nicht die Frucht einseitig nationaler Währungspolitik sein.

Aber die Interessen, welche die Kulturvölker heute an den Weltmarkt ketten, sind gross; das Bedürfniss eines festen Wechselkurses wird jeden Tag dringender empfunden und es ist mehr als wahrscheinlich, dass eine Währungspolitik, welche es ermöglicht die nationale Währung mit der internationalen Währung zu verbinden, auch bald zu internationaler Geltung gelangen muss. An gutem Willen und Opferfreudigkeit fehlt es nirgendwo in dieser Beziehung; im Gegentheil, wenn man sieht, dass in den letzten Jahren viele Staaten der internationalen Währung zu Liebe, die nationale Währung opferten, so muss man sich sagen, dass der Werth der internationalen Währung eher über- als unterschätzt wird.

Der internationalen Währung zu Liebe hat Russland in den letzten Jahren Hunderte von Millionen in Gold, in todtes Kapital also à fond perdu — angelegt und dabei die Möglichkeit den nationalen Markt nach Bedarf mit Geld zu versorgen aufgegeben. Denn mit der Goldwährung, mit der freien Goldprägung giebt der Staat die Controle über die Währung an die Goldgräber, an Abenteurer, an den Zufall ab. Der Preis des Rubels, die Kaufkraft russischen Papiergeldes hing bis jetzt davon ab wie die Regierung das Geldmonopol handhabte. Jetzt verzichtet die Regierung dem Wechselkurs zu Liebe auf dies wichtigste aller selbstherrlichen Rechte und bezahlt diese Verzichtleistung noch obendrein mit ungezählten Millionen. Will man mehr Beweise für die Bereitwilligkeit Russlands etwas für die Stabilität der internationalen Währung zu thun?

In Oesterreich sind die Verhältnisse genau dieselben. Um sich der Wohlthaten eines festen Wechselkurses zu erfreuen verzichtet der Staat auf die Millionen, welche ihm das Emissionsrecht an Zinsen einbringt; das minderwerthige Silber wird mit theurem Golde und unter grossen Verlusten eingelöst, die nationale Währung, die Festigkeit der nationalen Marktpreise wird der internationalen Währung untergeordnet, wobei es nöthig wird den Preis des Guldens gewaltsam zu erhöhen, ungeachtet, dass dadurch die Schuldner zu Gunsten der Gläubiger übervortheilt werden, ungeachtet, dass man sich von den Schuldnern den Vorwurf des Betrugs muss machen lassen. Will man noch mehr Beweise für die Opferfreudigkeit Oesterreichs in Bezug auf internationale Währung? Berechtigen diese Handlungen nicht zu der Annahme, dass auch Oesterreich bereit sein würde, eine nationale Währungspolitik zu betreiben, welche im Stande ist internationale Wirkung auszuüben?

Da haben wir Italien, welches für die Regulirung des Wechselkurses mit dem Auslande (die freie Selbstbestimmung unterbindende) Verträge abschliesst (die lat. Münzconvention), den Staatssäckel mit der Verzinsung einer ungeheuren Goldanleihe belastet, ohne dabei doch das Ziel zu erreichen. Hier wie in Oesterreich und in Russland wird der Preis des Geldes gewaltsam erhöht; hier wie in Russland und Oesterreich wird der Regierung von den Schuldnern der Vorwurf des Betruges gemacht. Dem Wechselkurs zu Liebe.

Sind das nicht auch genügend Beweise für die Bereitwilligkeit Italiens eine zielversprechende Währungspolitik zu treiben?

Und Frankreich! Und Deutschland! Seit Jahrzehnten hat man hier die Goldwährung durchgeführt, und seit Jahrzehnten wird über den Niedergang der Preise geklagt. Man weiss, dass man die Preise durch Opferung der Goldwährung, durch Ausgabe von Papiergeld, auf jede gewünschte Höhe heben kann, aber dem internationalen Wechselkurs opfert man dies wirksame Mittel. Man zieht hier vor zu der abenteuerlichsten Zollpolitik zu greifen — obschon man sich sagen muss, dass wenn der Wechselkurs wichtig ist, der Freihandel es noch mehr sein muss, da der Wechselkurs ja nur durch den Aussenhandel Bedeutung hat. Durch Untergrabung des Aussenhandels mittels der Schutzzölle nimmt man ja dem Wechselkurs die Bedeutung, der man den Freihandel zum Opfer bringt.

Der internationalen Währung den internationalen Handel opfern heisst, das Leben für das Eigenthum, die Ladung eines Schiffes als Kesselfeuerung, den Zweck den Mitteln opfern.

Und erst die Währungspolitik der Vereinigten Staaten? Was ist die Zick-Zackpolitik dieses Staates anderes, als das Zeichen des lebhaften Wunsches die Interessen der nationalen Währung mit denen der internationalen Währung zu vereinigen? Was ist diese Politik anders als der praktische Beweis, dass es auf Grund der Metallwährung unmöglich ist diese Interessen zu vereinigen.

Die Goldwährung löst die Frage der nationalen Währung nicht, sie kann sie nicht lösen und Niemand, der in Währungsfragen unterrichtet ist, erwartet übrigens von ihr irgend welchen Vortheil in dieser Beziehung. Die Goldwährung könnte also höchstens durch den internationalen Wechselkurs Bedeutung erreichen und nur als einen Beweis für die allgemeine Anerkennung der Wichtigkeit des internationalen Wechselkurses können wir diese verzweifelten Anstrengungen betrachten, welche von fast allen Ländern gemacht werden, theils um die Goldwährung einzuführen, theils um sie vor Schiffbruch zu retten.

Uebertragen wir nun einen geringen Theil des guten Willens der der Goldwährung entgegengebracht wird auf die Papierwährung; bringen wir statt der heute geübten Pfuscherei, Ordnung, gesunde, kaufmännische Prinzipien in die Papierwirthschaft, opfern wir dieser anspruchslosen, unscheinbaren Währung nur einen Bruchtheil der Liebe, die an die Goldwährung vergeudet wird, sorgen wir für's erste für nationale Währung und verständigen wir uns dann mit den Völkern, die mit uns Handel treiben über die Grundbedingungen dieser nationalen Währung, so dass diese Grundsätze zu internationaler Geltung gelangen, so ist ja damit das Ziel erreicht, die internationale Währungsfrage gelöst.

Es ist ganz und gar undenkbar, dass zwischen Ländern, welche die nationale Papierwährung nach internationalen Grundsätzen verwalten, Kursschwankungen eintreten können.

Kursschwankungen können nur als Folge von Differenzen in der Zahlungsbilanz eintreten und zwischen Ländern mit Papierwährung, wo Ex- und Import von Geld ausgeschlossen sind, können Differenzen in der Zahlungsbilanz nur von Differenzen in der Handelsbilanz herrühren. Diese sind aber in der Regel Folgen von Valuta-Differenzen, die wir hier als ausgeschlossen halten.

Nehmen wir an, dass Frankreich nach Deutschland für 100 Millionen Wertheinheiten Waaren sendet, während Deutschland nur für 80 Millionen nach Frankreich exportirt. Womit könnte der Saldo beglichen werden? Mit Waaren allein, da exportfähiges Geld nicht mehr existirt. Es würde sich also in Deutschland eine Nachfrage von 20 Millionen in Waaren entwickeln, welche nach Frankreich exportfähig sind und natürlich den Preis dieser Waaren in die Höhe treiben. Diese

Hausse in den Exportwaaren würde sich in eine Differenz (Baisse) im Wechselkurs umsetzen, da die französischen Exporteure ihre Forderungen von 20 Millionen lieber zu einem billigeren Wechselkurs losschlagen würden, als in Deutschland zu hohen Preisen Waaren aufkaufen, deren Erlös in Frankreich den Einstandspreis nicht decken würde.

In solcher Darstellung sind also Kursschwankungen nicht ausgeschlossen.

Aber wir haben hier das wichtigste Moment in der Papierwährung vergessen, nämlich dass in Deutschland und Frankreich die Preise unter direkter, wirksamer Controle stehen, wir haben die Rechnung ohne den Wirth gemacht. Darum die Kursdifferenz.

Warum vermehrte Frankreich seinen Export nach Deutschland? Warum bezahlte Deutschland seine Schulden nicht durch vermehrten Export? Weil die Preise in Frankreich gefallen und in Deutschland gestiegen waren. Der billigen Preise wegen, die er bezahlte und der hohen Preise wegen, die er erzielte, vermehrte der Franzose seinen Export nach Deutschland und der hohen Preise wegen, die er bezahlen musste und der niedrigen Preise wegen, die er erzielte, verminderte der Deutsche seinen Export nach Frankreich.

Aber wie können die Preise in Frankreich fallen und in Deutschland steigen; wie können solche Differenzen in der Handelsbilanz vorkommen, wenn in beiden Ländern die Preise unter direkter, wirksamer Controle des Staates stehen?

Bevor der Wechselkurs merkliche Differenzen zeigt, hat der Staat die den Export fördernde Baisse durch Ausgabe von Geld in Frankreich nivellirt; bevor die den Export erschwerende Hausse Zeit gehabt hat eine Rückwirkung auf den Wechselkurs zu üben, hat in Deutschland die Monopolverwaltung die Preise wieder niedergedrückt. Es konnte nicht zur Differenz in der Handelsbilanz kommen, der Wechselkurs konnte keine Schwankungen erleiden, weil die Voraussetzungen für dieselben nicht zutreffen konnten.

Zwischen Ländern, welche die nationale Währung nach international gültigen Prinzipien verwalten, können

Kursdifferenzen nicht stattfinden. Differenzen in den
Waarenpreisen erzeugen Differenzen in der Handelsbilanz und im Wechselkurs; werden erstere vermieden, so ergiebt sich ein fester Wechselkurs von
selber. Der feste Wechselkurs kann nur das Produkt
einer festen, nationalen Verwaltung des Geldmonopols
auf Grund international gültiger Prinzipien sein. Wie
in comunicirenden Röhren das Niveau der einen abhängig ist vom Niveau der andern, so ist auch der
Wechselkurs abhängig von der Währungspolitik aller
Länder.

Es nützt gar nichts, dass man in Deutschland
den Geldpreis in eine feste Form zu bringen sucht,
während in anderen Ländern nach anderer Richtung
hin gewirthschaftet wird. Nur eine feste in allen Ländern gleichförmige, in allen Ländern durchführbare
Währungspolitik kann zum Ziele führen.

Und durchführbar, in allen Ländern durchführbar,
gleichmässig und gleichzeitig durchführbar ist allein
die Papierwährung, weil allein die Papierwährung die
Möglichkeit bietet, überall gleichzeitig und zu jeder
Zeit das Geldangebot dem Geldbedarf des Waarenmarktes anzupassen.

Die internationalen Währungskonferenzen auf
Basis der Gold-, Silber- und Doppelwährung haben
bisher ein vollständig negatives Resultat ergeben und
schon allein der schweren Lasten wegen, welche die
Metallwährung dem Nationalvermögen aufbürdet, kann
man mit Sicherheit annehmen, dass es niemals zu
einer internationalen Währung auf Basis des Metallgeldes kommen wird. Denn es nützt ja nichts, wenn
einzelne Länder das Opfer bringen und in der Goldwährung Millionen an Nationalvermögen anlegen, während andere, sparsamere Völker denselben Zweck mit
billigeren Mitteln zu erreichen suchen.

Das Metallgeld wird überall als todtes Kapital
betrachtet; das Kapital, das zur Herstellung dieses
Geldes nöthig war, ist als „fond perdu" angelegt, es
ist verschleudertes Nationalvermögen.

Das in Umlauf befindliche Metallgeld hat dem
Lande genau das gekostet, was jede einzelne Münze

bei ihrem ersten Marktgange gekauft hat — d. h. das
Maximum dessen, was sie überhaupt kosten konnte;
während das Papiergeld nichts kostet und dabei den
Zweck des Geldes bei verständiger Verwaltung mit
idealer Vollkommenheit erfüllen kann. Wie ist es unter
solchen Verhältnissen zu verhindern, dass immer wieder
einzelne Länder der Versuchung erliegen werden aus
dem todten Kapital auf Kosten der anderen Völker
lebendiges Kapital zu schlagen; wie wird man die Gefahr verhindern können, dass z. B. England die Papierwährung einführt und mit dem überflüssig gewordenen
Golde zinstragende deutsche Werthe kauft? Konnte
es Jemand verhindern, dass s. Zt. Deutschland das
entmünzte Silber im Auslande verkaufte? Hat sich
Deutschland nicht durch jene Silberverkäufe auf Kosten
des Auslandes bereichert? Nun gut, dieselbe Gefahr,
welche damals die Silberentmünzung bot, bietet heute
die Goldwährung. Die Liquidation der Goldbestände
kann von irgend einem Punkte der Welt jeden Tag
inscenirt werden und bei dieser Liquidation werden die
letzten bezahlen, was die ersten gewinnen werden.
Und diese Liquidation wird dort und an dem Tage
beschlossen werden, wo und wann man einsehen wird,
dass der Wechselkurs unter dieser Liquidation nicht
zu leiden braucht.

Es giebt in allen Ländern mit Goldwährung eine
einflussreiche, organisirte Partei, welche den Sturz der
Goldwährung zum Ziele hat. Es ist die Partei der
Schuldner. Die Schuldner (und der Staat, der das Geldmonopol verwaltet, ist auch ein Schuldner) halten sich
durch die Goldwährung für übervortheilt und sie wollen
zwischen dem was sie eigentlich schulden und dem
was sie zahlen sollen das Aequilibrium wieder herstellen.

Schon die blosse Existenz einer solchen Partei ist
eine Gefahr für den Bestand der Währung, die bald
mehr, bald weniger drohende Gestalt annimmt und ist
ein Beweis, dass wir es überhaupt noch nicht zur
Währung gebracht haben.

Die Währung darf keine Feinde haben; sie muss
wie das Recht unantastbar sein; ihr Bestand darf
durch Niemand bedroht, niemals in Frage gestellt

werden. Die Diskussion über Aenderung der Währung muss ein für allemal geschlossen werden, aber mit der Metallwährung werden wir nie dahin gelangen, wohl aber mit der Papierwährung.

Die Waarenpreisstatistik ist da um aller Welt zu beweisen, dass das Papiergeld währt, dass der Preis des Geldes weder gefallen noch gestiegen ist, dass Niemand geschädigt, niemand in seinen Rechten verletzt worden ist.

Nur unehrliche, selbstsüchtige Zwecke verfolgende Intriganten können an dem Sturze solcher Währung arbeiten, aber sie dürfen nicht öffentlich auftreten, sie dürfen nicht für ihre Interessen im Parlamente Propaganda machen, denn das, was sie beabsichtigen, ist von der öffentlichen Meinung als Betrug gebrandmarkt — mögen sie sich nun Geldverbesserer oder Geldverschlechterer, Inflationisten oder Contractionisten nennen.

Die Papierwährung unter verständiger, kaufmännischer, ehrlicher Verwaltung schliesst die Discussion über nationale und internationale Währung.

II. THEIL

Der Ausgleich zwischen Nachfrage und Angebot

auf dem

Waaren-, Arbeits- und Kapital-Markte

durch

Organische Reformen unseres Geldes.

Der Maassstab für die Güte und Brauchbarkeit des Geldes.

Der erste Theil dieser Schrift, der über den Preis des Geldes handelte, begann mit einer Untersuchung über den Maassstab für den **Preis d|e|s Geldes**, für diesen zweiten Theil wollen wir als Anfang einen Maassstab für die **Qualität des Geldes** suchen.

Wer das Geld einfach für Metallbarren hält, wird als Maassstab für die Güte des Geldes die Analyse gebrauchen, welche ihm der Schmelztiegel liefert. Der Schmelztiegel ist für alle Schüler Chevalier's der Prüfstein für die Güte des Geldes und wenn um uns her alles kracht, die Oekonomie des Landes aus den Fugen geht, alle Preise geworfen werden, die Erzeugnisse der gewerblichen Thätigkeit in den Depots sich aufthürmen und alle Welt nach den Ursachen dieser Erscheinungen sucht, dann zeigen die Gutgeldleute auf den Schmelztiegel und beweisen mit Hülfe der Analyse der Münzen, dass das Geld keine Schuld an der Misère trifft, dass das Geld seinen denkbar höchsten Grad der Vollkommenheit (d. h. 23 Karat) erreicht hat und dass daher die Ursache dieser wirthschaftlichen Erscheinungen anderswo zu suchen ist.

Für die Gutgeldleute (Geldverbesserer, Geldvertheuerer, Freunde soliden Geldes und wie sie sich sonst noch nennen) ist ja das Geld an sich ein todter Körper, ohne aktive Eigenschaft, eine Metallbarre, die an den Wirthschaftskrisen ebenso unschuldig ist, wie der Hahn auf dem Thurme.

Sucht die Ursache der Krisen in der Waarenproduktion und ihr werdet sie in einer Störung des Gleichgewichts zwischen Consum und Produktion finden. Ihr habt zu viel von allem produzirt — zu viel Brod,

zu viel Eisen, Häuser, Kleider; Ihr habt euch auch
obendrein noch zu stark vermehrt. Es sind zu viel
Arbeiter da, es ist von allem zu viel — viel zu viel,
desshalb fallen die Preise, daher die Krisis. Das Geld
ist unschuldig, ganz unschuldig an dem Preisfall, denn
das Geld hat ja seinen durch die Produktionskosten
fixirten Preis. Die Waaren sind im Preise gefallen;
das Geld ist stabil geworden.

Was soll man auf solchen Nonsens antworten?
Wenn das Begriffsvermögen nicht ausreicht für die
Erkenntniss, dass eine allgemeine Ueberproduktion und
noch dazu eine Ueberproduktion an Produkten und
Consumenten (Waare und Arbeiter) ein Unding ist,
von festem Geldpreis zu sprechen, während der Durchschnittspreis der Waaren sinkt, dann ist es verlorene
Mühe überhaupt auf solche Behauptungen zu antworten.

Die Ursache der Produktion ist immer und allein
das Bedürfniss der Producenten nach Waaren; wenn
viel Waare producirt wurde, wenn alle Welt fleissig
gearbeitet hat, so ist das ein Beweis, dass alle Welt
starke, mannigfaltige Bedürfnisse hat, denn wo ist der
Sonderling zu finden, der ohne selbst ein Bedürfniss
zu empfinden, unter der brennenden Sonne, im Staube
und Lärm des Fabriksaals, in der finsteren Kohlengrube
ohne Noth arbeitet? Die Bedürfnisse der Producenten
misst man am sichersten mit ihrer Arbeitslust und
daher kann man auch sagen, dass das **Produkt
der Arbeit gleichzeitig das Maass für den
Produktenbedarf ist.**

Der Neger, der keine Bedürfnisse hat, arbeitet
auch nicht und die Anschwellung der Waarenvorräthe,
die zu Zeiten der Wirthschaftskrisen eintritt, deutet somit keineswegs auf eine Störung des Gleichgewichts
zwischen Bedarf und Produktion, sondern einfach auf
eine Störung im Austausch der Waaren.

Und den Austausch vermittelt das Geld, resp.
den Austausch soll das Geld ermöglichen und erleichtern.

Von einem guten, brauchbaren zweckentsprechen-
den Gelde können wir die Vermeidung solcher Stö-

rungen verlangen — resp. solange solche Störungen vorkommen, müssen wir unser Geld für verbesserungsbedürftig halten.

Mit einem guten, brauchbaren Gelde soll der Austausch der Waaren vollkommen glatt und ohne Störungen von Statten gehen und demgemäss dürfen wir die Qualität des Geldes nicht nach der Analyse, die der Schmelztiegel liefert, beurtheilen, sondern als Maassstab für die Güte des Geldes soll uns der Austausch der Waaren selber dienen.

Wie wir die Brauchbarkeit irgend einer Sache danach beurtheilen, wie sie ihren Zweck erfüllt, so müssen wir auch beim Gelde absehen von seiner Farbe, von seinem Gewichte, von seiner chemischen Zusammensetzung und uns auf die Beobachtung des Waarenaustausches beschränken. Denn die Vermittlung des Waaren-Austausches bildet den einzigen Zweck des Geldes (Aristoteles) und demgemäss kann uns auch allein der Waarenaustausch den Maassstab für die Beurtheilung der Qualität des Geldes liefern.

Und wie soll der Waarenaustausch stattfinden?

Jeder Producent, der einigermassen seine Verhältnisse zu überschauen vermag, wird danach streben, dass die Unkosten des Waarenaustausches möglichst beschränkt werden, denn er muss sich sagen, dass Niemand anders als er selber diese Unkosten bezahlt.

Der Producent erhält als Preis seiner Arbeit das was der Consument dafür bezahlt, abzüglich Transport- und Handelsspesen — folglich erhält er umso bessere Preise je weniger Handelsspesen er bezahlt.

Der intelligente Producent wird daher nicht ohne Sorgen die Entwickelung beobachten, welche der Waarenaustausch nimmt, denn weit entfernt eine Herabsetzung der Handelsspesen herbeizuführen, scheint im Gegentheil diese Entwickelung auf einen stetig wachsenden Procentsatz zu drängen. Und dies trotz Post, trotz Telegraph, trotz Banken, trotz den zahllosen Verbesserungen in unseren Handelseinrichtungen.

Wir haben über viele nütze und unnütze Zahlen Statistik geführt, aber leider bis heute noch keine solche, welche über die, für die Lösung der Währungsfrage so hochwichtige Frage des Antheils der Handelsspesen am Erlös der Waaren uns Aufschluss giebt, aber wir brauchen nur einen Blick in das Getriebe einer Stadt zu werfen, um uns zu überzeugen, dass dieser Antheil nicht klein sein kann. Schon allein die Riesenzahl der Kaufleute deutet darauf, dass der Gewinnantheil worin sich so viele theilen nicht gering sein kann und dies umso mehr als sich die Kaufleute im Allgemeinen aus den wirthschaftlich tüchtigsten, solidesten, arbeitsamsten, reichsten und gebildetsten Volkselementen rekrutiren, also aus Leuten, die sich mit geringem Lohne für ihre Arbeit nicht zufrieden zu geben brauchen.

Der Handel wirft etwas ab, trotz der oft unglaublich hohen Spesen der Kaufleute. Auch hier fehlt es an statistischen Erhebungen und wir wissen nicht in welchem Verhältniss die Bruttoeinnahmen zu den Nettoeinnahmen der Kaufleute stehen, aber wir brauchen die Augen nicht weit zu öffnen, um zu sehen, dass den Nettoeinnahmen die Bruttoeinnahmen würdig zur Seite gestellt werden können. Man weiss ja, welche Summen allein an Miethe von den Kaufleuten bezahlt werden, dann ferner für Zinsen, Steuern, Versicherung, Reisende, Reklame; Summen von 100 Tausend Mark, welche für Reklame allein von einzelnen Kaufleuten bezahlt werden, sind nichts Seltenes.

Es giebt Waaren, die durch 3, 4, 5 und mehr Hände gehen, bevor sie den Consumenten erreichen und es giebt wenig Waaren, an denen jeder Zwischenhändler nicht 10—20 % und mehr verdient. Ohne Statistik und einfach unter Hinweis auf die relativ und absolut ungeheure Zahl von Kaufleuten und der von diesen Kaufleuten erworbenen Vermögen kann man frei weg behaupten, dass dem Producenten im Durchschnitt 25, vielleicht auch 30, vielleicht sogar 50 % vom Erlös seiner Waare an Handelsspesen abgezogen werden.

Ein solcher Zustand kann aber unmöglich als normal betrachtet werden. Ideale sind nie erreichbar, aber man strebt wenigstens danach und man nähert sich ihnen mit mehr oder weniger Glück, aber ein so

hoch einzuschätzender Abzug für Handelsspesen ist
ein geradezu — lächerlicher Zustand. Ein solch fabel-
hafter Abzug für eine Sache, die theorethisch durch
ein Paar Federstriche, praktisch durch nicht viel mehr
abgethan werden kann. Denn es handelt sich ja hierbei
nicht um den Transport — den Ortswechsel — sondern nur um den Tausch der Eigenthumstitel der
Waaren. Der Transport wird ja noch extra berechnet.
Und dabei gelingt der Tausch, trotz solch luxuriöser,
freigiebiger Bezahlung häufig nicht; wie oft lässt der
Händler die Produkte des fleissigen Handwerkers als
unverkäuflich liegen. Wie oft kommt es vor, dass
trotz ihrer riesigen, kostspieligen Apparate die Kaufleute sich unfähig erklären den Austausch der Waaren
zu vermitteln, die natürlichen Schwierigkeiten des
Handels zu überwinden, wie oft setzt eine Krisis ein,
der die Wirksamkeit des Handelsapparates nicht zu
widerstehen vermag? Wie oft gehen an unverkäuflichen
Waaren (ich erinnere an die Reserve-Armee der Arbeitslosen) Milliarden verloren, weil die Fähigkeiten
der Kaufleute, die Wirksamkeit ihrer Einrichtungen,
den an sie gestellten Ansprüchen nicht gewachsen sind.

Wir haben also im Austausch der Waaren den
Weg zum Ideal nicht gefunden und insofern, als, dem
Anscheine nach, die Handelsspesen wachsen, entfernen
wir uns vom Ziele.

Das Ideal des Producenten ist im Austausch der
Waaren genau dasselbe wie beim Transport — Schnelligkeit, Sicherheit und Billigkeit und wie für ihn über-
füllte Schuppen, entgleiste Züge, ein grosses Beamten-
heer, hohe Tarife Beweise sind, dass der Transport
der Waaren — träge, unsicher und theuer sein muss,
so beweist uns auch die Existenz der heutigen kolos-
salen Waarenbestände, die Riesenzahl der Kaufleute
und ihrer Läden, die schier sich jagenden Wirthschaftskrisen etc. etc., dass der Austausch der Waaren weder schnell, noch sicher, noch billig von Statten gehen
kann.

Insofern nun aber gerade das Geld die Aufgabe
hat den Waarenaustausch zu vermitteln, und die Erleichterung des Waarenaustausches der einzige anerkannte

Zweck des Geldes ist, darf der Producent die Qualität des Geldes (Mangels eines besseren Maassstabes) nach der Zahl der Kaufleute, nach der Höhe der Brutto- und Netto-Einnahmen dieser Kaufleute, nach der Zahl der Läden, nach der Zahl der Arbeitslosen etc. etc., kurzum nach dem, was ihm in die Augen fällt, beurtheilen.

Verfügten wir über eine Statistik, welche uns den Durchschnittssatz der Handelsspesen anzeigte, so würde uns diese Statistik den Maassstab für die Qualität unseres Geldes bieten. Der Beweis wäre einwandsfrei und über die hohlen Versicherungen der Geldverbesserer und die schönen Versprechungen der Geldverschlechterer würden wir ebenso herzlich lachen, wie über den Gebrauch des Schmelztiegels als Prüfstein für die Brauchbarkeit des Geldes.

Der intelligente Waarenerzeuger erkundigt sich, wie viel ihm an Tauschspesen vom Erlös seiner Produkte abgezogen wird und danach allein und ohne sich durch den Schein, durch den Glanz des Goldes blenden zu lassen, beurtheilt er die Qualität des Tauschvermittlers, des Geldes.

Dem intelligenten Bauern giebt der Procentsatz der Handelsspesen Aufschluss über die Brauchbarkeit seines Geldes; er sagt, dass die Güte des Geldes im umgekehrten Verhältniss zur Höhe der Handelsspesen steht.

Wirthschaftliche Zustände zur Zeit des Tauschhandels

Dass unser Geld verbesserungsbedürftig ist, ist eine Sache — ob es verbesserungsfähig ist — eine Andere. Die Verbesserungsbedürftigkeit haben wir unter Hinweis auf die Trägheit, Unsicherheit und Kostspieligkeit des heutigen Waarenaustausches nachgewiesen; den Nachweis der Verbesserungsfähigkeit des Geldes zu erbringen ist der Zweck dieser Schrift.

Natürlich werden wir zu dem Zwecke erst untersuchen müssen woran es liegt, dass unser Geld den Waarenaustausch mit so grosser Trägheit, Unsicherheit und Kostspieligkeit vermittelt, denn eine verbessernde Reform am Gelde können wir erst dann mit Vertrauen auf Erfolg einführen, wenn wir zuerst klar die Mängel unseres Geldes erkannt haben. Von der Wirksamkeit der Reformen kann uns nur die klare Erkenntniss der Wirksamkeit der abzustellenden Mängel überzeugen. Wir müssen den Zusammenhang zwischen den Mängeln unseres Geldes und der Kostspieligkeit, Trägheit und Unsicherheit des heutigen Waarenaustausches aufdecken. Wir müssen feststellen, dass mit einem Tauschmittel, wie wir es uns gemacht haben, der Waarenaustausch nicht anders vor sich gehen k a n n als wie es heute geschieht. Dann werden wir uns auch überzeugen, dass mit den Reformen die wir einführen wollen, wir das gesteckte Ziel — Verbilligung, Sicherung und Beschleunigung des Waarenaustausches — erreichen m ü s s e n. Wie gesagt, das Vertrauen in die W i r k s a m k e i t d e r R e f o r m e n kann nur aus der völlig klaren Erkenntniss der W i r k s a m k e i t d e r M ä n g e l unseres Geldes erwachsen.

Man sagt, dass man die Arbeit der Hausfrau erst dann bemerkt und zu schätzen lernt, wenn sie nicht gethan wird; man sagt, dass die Kinder der Musikanten sofort vom Schlafe aufwachen, sowie die Pauken und Trompeten schweigen; man sagt auch, dass wir uns so sehr an das Walten natürlicher, häuslicher, oeconomischer, politischer und socialer Einrichtungen gewöhnen, dass uns deren Existenz erst dann auffällt, wenn durch irgend eine Ursache ihre Wirksamkeit unterbrochen wird. Und dies ist leicht erklärlich.

Das Geld ist auch eine sociale Einrichtung, sogar eine uralte, die Zwillingsschwester ihrer Collegin, der Besitz- und Arbeitstheilung und wir haben Zeit gehabt, uns an dieselbe zu gewöhnen. Erklärlich ist es daher, dass wir etwaige Mängel unseres Geldes überhaupt nicht mehr sehen oder aber dieselben als natürliche, unabwendbare Begleiterscheinungen des Geldes überhaupt betrachten.

Anm. Freilich, bei allen Völkern der Welt steht das Geld im Rufe der Unsauberkeit, tief in der Volksseele wird das Geld als die Wurzel vieler Uebel betrachtet, aber die Weisen und Theoretiker haben diese Ansicht stets als Vorurtheil bekämpft.

Fühlt das Volk instinktmässig, dass etwas am Gelde nicht in Ordnung ist oder handelt es sich sogar um U e b e r l i e f e - r u n g e n aus der Zeit, wo das Geld anfing den Tauschhandel zu ersetzen und man die Veränderungen, welche das Geldwesen in alle Verhältnisse brachte, besser überschauen resp. durch Vergleich feststellen konnte? Unmöglich wäre es nicht, dass das Urtheil, welches das Volk über das Geld oft in so derben Ausdrücken fällt, solche Traditionen zur Unterlage hat und den Schweiss der Edlen wäre es werth hierüber ernste Untersuchungen anzustellen.

Es wäre nun natürlich trotz des ehrwürdigen Alters des Geldes nicht unmöglich auf inductivem Wege die Wirkung der Mängel unseres Geldes auf ihre Ursache zurückzuführen, aber ungleich leichter erreichen wir dies Ziel auf deductivem Wege, d. h. wenn wir nach obigem Recepte im Geiste das Geld in seiner Thätigkeit suspendiren und dann aus den so geschaffenen Zuständen die wirthschaftlichen Folgen deduciren.

Denken wir uns daher zurückverlegt in die Zeit des Tauschhandels, in die Zeit wo noch kein Geld

existirte, wo man die Waare mit Waare kaufte und
bezahlte und betrachten wir den Waarenaustausch
wie er sich damals nothwendigerweise entwickeln
musste.

Wir stossen da natürlich von vornherein auf die
bekannten Schwierigkeiten der Bezahlung und Verrechnung, deren Beseitigung eben die Einführung des
Geldes zum einzigen Zweck hat.

Aber wir wollen von diesen Schwierigkeiten absehen, wir wollen annehmen, dass dieselben durch irgend eine Einrichtung beseitigt worden wären, wir
wollen uns hochentwickelte Besitz- und Arbeitstheilung denken, das Geld aber aus derselben ausscheiden.

Was nun hier sofort in die Erscheinung tritt,
das ist der merkwürdige Umstand, dass jeder der
Waare verkaufen will auch Waare kaufen muss und
zwar genau so viel als er verkauft, denn eine andere
Bezahlung als Waare giebt es ja nicht. Es besteht
da ein natürlicher materieller Kaufzwang für jeden
Verkäufer. Wer viel Waare producirt und verkauft
erhält ebensoviel Waare in Zahlung. Es kann nicht
vorkommen, dass einer für 100 verkauft und nur für
10 kauft. Wer für 100 verkauft, muss auch für 100
mit nach Hause nehmen.

Wenn aber jeder dem Markt so viel an Waaren
entziehen muss, wie er hineinwirft, so bleibt am
Schlusse nichts auf dem Markt zurück. Dies ist eine
nothwendige Folge des natürlichen materiellen Kaufzwanges der mit der Ausscheidung des Geldes eintritt.
Statt, dass die Waaren wie es heute geschieht, sich
in den Läden aufthürmen, wandern dieselben vom
Markte direkt nach den Vorrathskammern; statt der
hunderttausend Läden haben wir Millionen Vorrathskammern — statt Waaren, haben wir Güter,
statt Tauschgüter, Gebrauchsgüter. Ein gewaltiger
Unterschied, von höchster, wirthschaftlicher Bedeutung,
von tief in alle Verhältnisse einschneidender Wirkung.

Der Kaufzwang, der natürliche, materielle Kaufzwang, wohin die Ausscheidung des Geldes führt, leert die Läden und füllt die Vorrathskammern, er verwandelt alle Waaren in Gebrauchsgüter, er lässt die Läden, insoweit sie zur Bergung der Waarenbestände dienen, von der Bildfläche verschwinden. Wo kein Geld ist, da gibt es auch keine Waaren, also auch keine Läden und keine Kaufleute. Wo kein Geld ist, da haben die Produkte der Besitz- und Arbeitstheilung gar nicht Zeit sich auf den Märkten und in den Läden herumzutreiben. Wo jeder ebensoviel Waare kaufen muss als wie er verkauft, giebt es keine Waarenvorräthe, aber um so mehr Gebrauchsgüter, die in Privatvorrathskammern aufbewahrt werden. Die Ursache warum die Waare heute in den Märkten zurückgehalten wird, warum die Waare ihren Weg zur Vorrathskammer nicht fortsetzen kann, warum heute Niemand eine Vorrathskammer besitzt, muss in Eigenschaften, resp. Nebeneigenschaften unseres Geldes liegen, da wir ja nur das Geld aus dem Verkehr auszuscheiden brauchen, um die Waaren ihre, auf den Märkten unterbrochene Reise zur Vorrathskammer fortsetzen zu lassen.

Aber die Waare gehört dorthin, wo sie consumirt werden soll, in die Vorrathskammer, nicht in die Läden, für welche sie ja nicht producirt wurde.

Was wir also hier gleich zu Anfang unserer Untersuchung entdecken, ist, dass unser heutiges Geld den Waarenaustausch u n t e r b r i c h t, statt ihn zu fördern. Die Erleichterung in der Verrechnung und Bezahlung, welche wir dem Gelde verdanken, kommt uns also ziemlich theuer zu stehen. Die Einführung des Geldes auf den Markt kostet uns unsere Vorrathskammern und belastet den Waarenaustausch mit dem Unterhalt von zahllosen Läden. Dies ist das erste, was wir von der Ausscheidung des Geldes deduciren können.

Jetzt wollen wir untersuchen welche wirthschaftlichen Folgen die grossen Waarenvorräthe und der entsprechende Gütermangel haben.

Der grosse, immer käufliche Waarenvorrath bringt es zunächst mit sich, dass Jeder alles, was er braucht, immer auf dem Markte käuflich findet oder

wenigstens zu finden hofft, und dass in Folge dessen
Niemand daran denkt für die Deckung seines persönlichen Bedarfes durch rechtzeitige Bestellung zu sorgen. Und in der That finden wir heute keinen Producenten (Schneider und andere Specialisten ausgenommen) der auf feste Bestellung der Consumenten
arbeitet. Der Producent muss die Wünsche und Bedürfnisse der Consumenten errathen und wenn er
auch manchmal auf Bestellung des Kaufmanns arbeitet, so ist es der Kaufmann der errathen muss, was
ihm in 2—4--10 Mt. abverlangt wird und das Risico,
welches der Kaufmann damit übernimmt, wird natürlich dem Producenten als Handelsspesen vom Erlös
der Waare abgezogen. Es wird also auf „Gut Glück"
oder auf Grund einer Wahrscheinlichkeitsrechnung
producirt. Die für die Production einzig sichere
Unterlage, die feste Bestellung des C o n s u m e n t e n
entbehrt der Producent gänzlich.

Dass sich nun der Producent oder der Kaufmann
in seiner Wahrscheinlichkeitsberechnung irren kann
ist erklärlich, dass er sich häufig und schwer irrt,
erkennen wir an den zahllosen Fallimenten, welche
auf irrige Absatzberechnung zurückgeführt werden
können, erkennen wir auch an den fortwährenden
Preisschwankungen, welche in Folge Ueber- und Unterproduktion (Ueber- und Unterschätzung des Bedarfes) den Markt beunruhigen.

Scheiden wir das Geld aber aus dem Verkehr
aus, so verschwinden, wie wir gesehen haben, die
Waaren vom Markte — die Waaren verwandeln sich
in Güter, sie wandern von den Produktionsstätten
über den Markt direkt zu den Consumstätten. Läden,
wo die Waaren den Moment des unmittelbaren Consums abwarten sind in Folge dessen nicht vorhanden
und der Consument ist dadurch gezwungen durch
Vorausbestellung für die Deckung seines voraussichtlichen Bedarfes zu sorgen. Der Mangel an Waaren
entledigt den Producenten der gefährlichen Aufgabe
den Absatz seiner Produkte selber abschätzen zu
müssen und bürdet diese Aufgabe dem Consumenten
auf. Und wer ist denn besser in der Lage den Be-

darf im Voraus zu berechnen — der Consument, der selber weiss, was ihm gefällt, was er brauchen, kaufen und bezahlen kann, oder der Producent der die Waare nur als Tauschgut producirt? Mit der Ausscheidung des Geldes aus dem Verkehr verschwinden daher nicht allein die Waaren vom Markte, um als Gut die Vorrathskammern zu füllen, sondern das Produkt verlässt die Werkstätte bereits als Gut, nicht mehr als Waare, da ja alle Produkte ihre bestimmten Abnehmer haben. Mit der Ausscheidung des Geldes aus dem Markte werden Güter, keine Waaren mehr fabricirt.

Der Verwandlung der Waaren in Güter setzt das Geld Hindernisse in den Weg; denn wie wir gesehen haben, genügt es das Geld zu entfernen um diese Unterbrechung des Güteraustausches zu heben; jetzt sehen wir wie in Folge dieser Unterbrechung die Arbeitstheilung Waaren statt Güter erzeugt. Das Geld hemmt also nicht allein die Verwandlung der Waaren in Güter, sondern die Waarenproduktion selber ist nur eine Nebenwirkung des Geldes.

Feste Bestellungen der Consumenten, Vermeidung der Preisschwankungen durch Ueber- und Unterproduktion, in Verbindung mit dem Umstand, dass der Kauf stets und sofort den Verkauf decken muss, dass der Bedarf mit dem Vorrath gemessen werden kann! Wir brauchen uns in den Gedanken nicht weit zu vertiefen um einzusehen, dass hier die Lösung einer ganzen Reihe socialer Fragen verdeckt liegt. Und in der That blickt aus dem natürlichen, materiellen Kaufzwang, zu dem die Ausscheidung unseres heutigen Geldes den Verkäufer verurtheilt, nicht die Möglichkeit durch die Wirthschaftskrisen zu vermeiden? Was ist denn Krisis weiter als Angebot ohne Nachfrage — Verkaufsnoth, materieller Verkaufszwang, ohne Kaufzwang?

In dem Waarencharakter der heutigen Produktion erblicken viele die Wurzel unserer heutigen sozialen Missstände. (Bebel.) Wenn aber alle Producenten auf feste Bestellung der Consumenten arbeiten, so verliert das Produkt den Charakter der Waare, da es bereits in ein Gut verwandelt ist, bevor dasselbe die Produktionsstätte verlässt. Und der Bestellungszwang der Consumenten stellt sich als nothwendige Korrelation des Kaufzwanges ein, welcher seinerseits wieder correlativ zur Ausscheidung unseres Geldes aus dem Verkehr ist.

Somit erscheint der Waarencharakter der heutigen Produktion und alles, was man diesem Waarencharakter nachsagt, als eine Nebenwirkung unseres Geldes.

Der Zusammenhang ist klar und einfach. Wo Jeder mit Waaren bezahlt wird, wo Jeder mit Waaren belastet den Markt verlassen muss, wo Jeder genau ebensoviel Waare dem Markte entziehen muss, wie er hineinwirft, bleibt nichts auf dem Markte zurück. Dieser Wegfall von Waarenvorräthen, wo man jeden Accidenzbedarf zu jeder Zeit decken kann, zwingt die Producenten sich durch Vorausbestellung das Gewünschte zu sichern, wodurch die gesammte Produktion einen vollständig neuen Charakter annehmen muss.

Einen der Hauptschäden unserer heutigen Wirthschaft bildet unzweifelhaft die Speculation. Die Speculateure haben dem Markte ihre Riesenvermögen entzogen und was haben sie dem Markte zugeführt? Mit Ausnahme der zur Unterstützung ihrer Operationen nöthigen Beunruhigung — nichts. Sie haben das, was der glückliche Zufall sonst dem Producenten als Entschädigung für getragenes Risico zugeführt hätte, in die eigene Tasche geleitet, sie haben die guten Lose ausgepickt und die Nieten auf dem Markte zurückgelassen, obschon der Producent sowohl die guten wie die schlechten Lose bezahlt. Der Speculateur ist ein Schmarotzer.

Dieser Schmarotzer gedeiht auf der Waare und zwar auf der Waare allein; ohne Waare ist Speculation unmöglich.

Wo viel Waare liegt, wird auch viel speculirt werden können. Mit Gütern in den Vorrathskammern kann der Speculateur nicht operiren, denn diese sind in festen Händen wie man sagt, sind unverkäuflich. Der Speculateur braucht käufliche Objekte, d. h. Waare.

Nun haben wir gesehen, wie mit der hypothetischen Ausscheidung unseres Geldes die Waaren sofort zu Gütern werden, wir haben gesehen, dass unser Geld den Weg der Waare zur Vorrathskammer unterbricht, dass unser Geld die Waare auf dem Markte festhält. Es ist also unser Geld, welches dem Speculanten den Boden düngt. Zur Zeit des Tauschhandels, wo jeder dem Markte genau so viel Waare entziehen musste, als wie er hineinwarf, gab es wohl Güter aber keine Waaren und in Folge dessen auch keine Speculation. Mit den Gütern, die in Millionen von Vorrathskammern vertheilt waren, konnte Niemand operiren, denn sie waren nicht käuflich. Und gesetzt auch den Fall, dass es einem Speculanten zur Zeit des Tauschhandels gelungen wäre, die Güter wieder zu Waaren zu machen, d. h. die Güter aus den Vorrathskammern heraus auf den Markt zu locken, wie hätte er dies thun können ohne Aufsehen zu erregen, resp. ohne die Contremine in Action zu setzen.

    Seit Einführung unseres Geldes ist aber die Sache anders geworden. Vorräthe hat Niemand; Vorrathskammern werden in den modernen Bauplänen überhaupt nicht mehr vorgesehen; in den Städten hat Niemand für 24 Stunden Vorräthe. Dafür aber sind die Waarenbestände umso grösser, und die Waare ist käuflich. Es bietet keine Schwierigkeiten mit den einzelnen Waarenbesitzern zu unterhandeln, es ist leicht einen Ueberblick über die gesammten Waarenbestände zu gewinnen und ebenso leicht ist es die Bestände einer bestimmten Waarengattung durch Kauf sich anzueignen. Diese Bestände sind ja bis zum unmittelbaren Consum für Jedermann käuflich. Ein solcher anormaler Zustand fordert doch direkt die Speculation heraus.

    Ein anderer Uebelstand unserer heutigen Wirthschaft liegt in dem andauernden Arbeitsmangel, in der Unsicherheit des Absatzes der Waaren, in den regelmässig wiederkehrenden Krisen, in der überall zu Tage tretenden Ueberproduktion, d. h. in dem Angebot ohne Nachfrage.

    Aber sind das nicht alle ganz natürliche, ja nothwendige, unabwendbare Folgen unseres Geldes? Angebot ohne Nachfrage; Verkaufszwang, natürlicher, materieller, auf materielle, natürliche Eigenschaften der Waaren gestützter Verkaufszwang ohne ausgleichenden Kaufszwang; Waaren und keine Güter, Läden aber keine Vorrathskammern, käufliche Waaren, keine unveräusserlichen Vorräthe! Wie können denn aus solchem Zustand andere, als die heutigen Zustände entwachsen?

Ist denn Verkauf ohne Kauf möglich? Wenn aber, wie es seit Einführung unseres Geldes der Fall ist, nur Jeder das kauft, was er zum unmittelbaren Lebensunterhalt braucht, wie wird da Jeder das, was er über den unmittelbaren Lebensunterhalt producirt, verkaufen können? Wie ist Verkauf ohne Kauf möglich? Diese Frage sollte heute mal gründlich erörtert werden.

Thatsache ist, dass Jeder seine Produkte nur unter der Bedingung wird verkaufen können, dass sie ein anderer kauft. Thatsache ist, dass in Folge dessen das Gleichgewicht zwischen Produktion und Consum nur dann wiederhergestellt werden kann, wenn Jedermann genau so viel kauft wie er verkauft; Thatsache ist, dass nur die Wiederherstellung des natürlichen, materiellen Kaufzwanges, der zur Zeit des Tauschhandels den Verkaufszwang der Waare begleitete, das Gleichgewicht zwischen Produktion und Consum, Nachfrage und Angebot, herstellen kann.

Mit der Einführung unseres Geldes dauerte der Verkaufszwang fort, aber der Kaufszwang wurde aufgehoben. Als Correlat hierzu verschwanden die Vorrathskammern und entstanden die Läden. Die Waare ersetzte das Gut. Die festen Bestellungen der Consumenten hörten auf. Der Producent arbeitete auf gut Glück. Auf der Unsicherheit der dadurch geschaffenen Verhältnisse und unterstützt durch die Käuflichkeit der gesammten Produktionsbestände des Landes entstand und gedieh die Speculation. Die Reduction der Nachfrage auf die direkten, unmittelbaren Bedürfnisse der Käufer führte zu dem chronischen Ueberangebot und dieser zur Einschränkung der Produktion, zur Entlassung der Arbeiter.

Falls die Ueberproduktion an Waaren heute wirklich existirte und das, was uns heute als solche erscheint, nicht auf eine einfache Unterbrechung oder Störung des Waarenaustausches zurückzuführen ist, so bleibt immer noch die Frage, warum dieser Ueberschuss an Produkten nicht kapitalisirt wird. Zur Zeit des Tauschhandels wurden alle Ueberschüsse kapitalisirt; Robinson that dies auch und Jeder, der nicht für den Markt arbeitet, ist in der Lage etwaige Ueberschüsse an Produkten zur Verbesserung seiner Produktionsmittel (Kapital) zu verwenden. Warum könnte dies mit der Arbeitstheilung nicht auch der Fall sein?

Es fehlt an Kapital, überall in der Welt — und der sichere, einwandsfreie Beweis dafür ist der Zins, den das Kapital heute überall in der Welt einbringt. Existirte nicht ein Mangel an Kapital, würden sich Nachfrage und Angebot auf dem Kapitalmarkte ausgleichen, so würde das Kapital keinen Zins abwerfen. Es ist also kein Ueberschuss an Kapital, der die Kapitalisirung der Waarenüberschüsse verhindert und die Frage, die ich eben stellte, bleibt ohne Antwort.

Scheiden wir aber aus dem Verkehr unser Geld aus, so sehen wir sofort die Waaren vom Markte verschwinden; wir sehen wie sich die Waaren in Güter verwandeln und wie sich die Läden leeren und die Vorrathskammern füllen. Sind aber diese gefüllt, so hört der Producent auf Waaren zu erzeugen, denn das Produkt seiner Thätigkeit würde seine Vorrathskammer überfüllen. Dann ist der Moment gekommen, wo der Producent seine Produkte kapitalisirt, indem er sie entweder Liebhabern gleich als Kapital anbietet oder sie direkt zum eigenen Betriebskapital verarbeitet. In beiden Fällen verschwindet die Waare vom Markte, in beiden Fällen wird die Ueberproduktion an Waaren kapitalisirt.

Und das ist es, was wir brauchen, wonach wir streben müssen. Verstärkte Kapitalbildung, Kapitalisirung sämmtlicher Ueberschüsse. So können wir hoffen, dass einmal der Moment kommen wird, wo Nachfrage und Angebot auf dem Kapitalmarkt sich ausgleichen werden und der Zins im Wegfall kommt. (Zins, nicht

Rente). Denn nicht das vielgeschmähte Kapital ist es, welches durch den Zinsertrag so viel sociales Unheil anrichtet, sondern das Gegentheil, der Mangel an Kapital. Je geringer die Kapitalbildung, desto höher der Zins; je eher die Ueberproduktion an Waaren kapitalisirt wird, desto eher wird der Zinsfuss sinken, je grösser die Ueberproduktion an Waaren, desto geringer die Kapitalbildung; Waarenüberproduktion und Kapitalunterproduktion, resp. hohe Zinsen, sind Zwillinge.

Denken wir uns nur den Fall, dass Jeder heute so viel kaufen müsste, wie er zu verkaufen sucht, dass alle Produkte in Güter verwandelt werden könnten, dass nach Füllung der Vorrathskammern die Produkte nicht als Ueberproduktion auf dem Markte verbleiben und verderben, sondern auf dem Markte als Kapital ausgetauscht würden, dass die heute lahmgelegten Kräfte des Landes kapitalbildend verwandt würden, dass die gesammten Ueberschüsse des Landes, die heute in Form von Arbeitslosigkeit und unverkäuflicher Waare verloren gehen, dazu verwandt würden um Wege, Häuser, Werkzeuge, Maschinen, kurzum Kapital für die Kapitalbedürftigen zu schaffen, wie lange würde es da wohl nehmen, bis dass mehr Kapital vorhanden und angeboten würde als nutzbringend verwerthet werden könnte, kurzum, bis sich Nachfrage und Angebot von Kapital decken und der Zins dadurch in Wegfall kommen würde?

In den letzten schweren Wirthschaftskrisen hat man den Vorschlag gemacht der Kapitalverschwendung, als welche der Arbeitsmangel mit Recht betrachtet wird dadurch zu begegnen, dass der Staat öffentliche Bauten errichten sollte. Ein Mittel, dessen Wirksamkeit zweifelhaft ist, indem, falls das Kapital zu diesen Bauten auf dem Steuerwege eingezogen werden sollte, dieses der Privatindustrie entzogen wird, andererseits aber, falls der Staat das Kapital durch Anleihen einbringt, die Staatsschulden bald ins Ungeheuerliche wachsen würden, da der Arbeitsmangel chronisch ist.

Auch hat man von Versicherung gegen Arbeitslosigkeit gesprochen und zwar von staatlicher Versicherung. Abgesehen davon, dass es in den meisten

Fällen für den Arbeiter schwer und häufig unmöglich sein würde die Arbeitslosigkeit nachzuweisen, indem bei gutem Willen selbst in den besten Jahren jeder durch erhöhte Ansprüche und schlechte Arbeit die erwünschte Entlassung finden kann, fragt es sich, wer denn die Versicherungs-Summen bezahlen würde? Wieder der Staat, der mit Schulden schon überbürdete Staat?

Nein, solche kleine Palliativmittel soll ein gut organisirter Staat nicht gebrauchen. Wo soll das hinführen, wenn der Staat jedem die ihm zusagende Arbeit suchen soll?

Die Arbeitslosigkeit, als Folge von Ueberproduktion ist eine widersinnige, unnatürliche Erscheinung, die nur in einer widersinnigen, unnatürlichen Einrichtung wurzeln kann. Und diese widersinnige Einrichtung liegt in der Aufhebung des Kaufzwanges, welche die Einführung unseres Geldes begleitete.

Angebot ohne Nachfrage! Verkaufszwang, natürlicher, materieller Verkaufszwang auf der Seite der Waare — Laune, Phantasie, Speculation auf der Seite des Geldes.

Stellen wir den natürlichen, materiellen Kaufzwang (braucht kein gesetzlicher Kaufzwang zu sein) wieder her, wie er zur Zeit des Tauschhandels bestand, führen wir ein Geldsystem ein, welches diesen Kaufzwang respektirt, welches den Verkäufer zwingt den Erlös wieder sofort in Waare umzusetzen, dann deckt sich Angebot von Waaren mit dem Bedarf an Waaren und wir gewinnen damit neben einer ganzen Reihe anderer Vortheile auch noch eine natürliche, materielle Versicherung gegen Arbeitslosigkeit. Eine ideale Versicherung, wie sie einfacher und wirksamer nicht gedacht werden kann.

Nun wollen wir untersuchen, woran es liegt, dass die Einführung unseres Geldes so viele, schädliche Nebenwirkungen ausübt und die idealen, wirthschaftlichen Zustände, welche wir durch die hypothetische Ausscheidung unseres Geldes herstellen, so gründlich verderben konnte.

Unser heutiges Geld, die einzige dauerhafte Waare

Der normale, civilisirte Mensch sucht zur Sicherung seiner Freiheit und Unabhängigkeit, für den Fall der Noth und für seine alten Tage zu sparen, resp. Vorräthe zu sammeln.
Natürlich sucht er sich solche Gegenstände aus, die sich am besten halten und Narrheit wäre es z. B. wenn ein junger Mensch für seine alten Tage Milch, Kartoffeln und Salat aufbewahren wollte.
Aber haltbare Waaren, Waaren, die der Zerstörung durch die Elemente der Natur während der in Betracht kommenden Zeit zu widerstehen vermögen, giebt es nicht, wirklich nicht; früher oder später unterliegen sie alle dem Zahn der Zeit.
Bruch, Rost, Fäulniss, Nässe, Hitze, Kälte, Wind, Blitz, Staub, Mäuse, Motten, Fliegen, Spinnen, Feuer Hagel, Erdbeben, Ueberschwemmungen und Diebe arbeiten nachdrücklich und ohne auszusetzen an der Qualität und Quantität der Waaren und wenige unter ihnen giebt es die nicht bereits nach wenigen Tagen oder Wochen Spuren dieser Angriffe zeigen. Gerade die wichtigsten und unentbehrlichsten unter den Waaren, die Lebensmittel, widerstehen ihren Feinden am schlechtesten.
Die Waare verdirbt; sie wird mit jedem Tage kleiner, leichter, schlechter, sie verliert mit jedem Tage an Werth. Wie alles irdische, ist die Waare in fortwährender Umwandlung begriffen. Wie das Erz sich im Feuer in reines Eisen verwandelt, so verwandelt sich das reine Eisen in dem langsamen Feuer der Atmosphäre in Rost. Der schöne Pelz fliegt in Gestalt von tausend Motten zum Fenster hinaus, das Holzwerk des Hauses verwandeln die Wür-

mer in Staub, und selbst das Glas, das dem Zahn der Zeit besser als andere Waaren widersteht, sucht die Metamorphose wenigstens als Scherbe mitzumachen. So hat jede Waare ihren besonderen Feind — der Bruch für Glaswaaren, Motten für Pelzwaare, Rost für Eisenwaaren etc. und zu diesen Specialfeinden gesellen sich noch die Generalfeinde die für alle Waaren gemeinschaftlich gelten — Feuer, Wasser, Diebe etc. und vor allen der Sauerstoff der Luft, der langsam aber sicher arbeitet.

Wenn man die Waaren gegen alle diese Verluste sichern wollte, wie viel Versicherungsprämie hätte man wohl zu zahlen?

Aber die Waare nimmt nicht allein desshalb täglich an Werth ab, weil sie verdirbt, sondern auch weil sie veraltet.

Wer würde heute zum Beispiel noch einen Vorderlader, wer ein Spinnrad, wer eine Krinoline kaufen, wer würde für solche Gegenstände den Kostenpreis bezahlen? Die Waare leidet durch den Modenwechsel, sie leidet unter der Concurrenz der Erzeugnisse verbesserter Productionsmittel und Productionsmethoden. Alles wird täglich verbessert, qualitativ oder quantitativ; Gegenstände die 10 Jahre alt sind, kann der Kaufmann einfach aus seinem Inventar streichen.

Für manche Waarengattung sind die Verluste, die von dieser Seite drohen, schwerer und unvermeidlicher noch, als solche die ihr durch die Naturelemente zugefügt werden.

Wie schützte sich nun der Mensch zur Zeit des Tauschhandels gegen diese Verluste? Gab es einen Schutz gegen den Zahn der Zeit? Wie schützt sich die glatte Jungfrau gegen die runzelbildende Gewalt des Alters? Hat man den Jugendbrunnen in Florida entdeckt?

Thatsache ist, dass es gegen diesen natürlichen Verlust, keinen natürlichen Schutz gab, dass der reiche Mann, der die Scheunen voll Vorräthe hatte, einen steten Kampf mit den Naturgewalten zu bestehen hatte.

Mancher wird nun fragen, warum der reiche

Mann kein Gold für seine Vorraths-Kammern kaufte,
da doch die Edelmetalle die merkwürdige Eigenschaft,
welche der Jugendbrunnen Florida's verleihen soll,
in höchster Potenz besitzen? Naive Frage; sehr
naive Frage!

Das Experiment hatte man nämlich gemacht und
zwar mit schlechten Erfahrungen. Wie kann man
auch so unvorsichtig sein, e i n e W a a r e, ein Tauschobjekt und noch dazu eine Luxuswaare, als Vorrath
für schlechte Zeiten zu betrachten, zu kaufen und aufzubewahren? Der Preis der ewigjungen, nie rostenden Edelmetalle war nämlich in den guten Jahren, wo
Jeder Ueberschüsse machte, Jeder sparen konnte und
Jeder seine Vorrathskammer füllte in Folge grosser
Nachfrage um das 3-, 5-, 10fache gestiegen und als
dann in Folge schlechter Ernten, Krieg und Seuchen
die Bürger von ihren Vorräthen Gebrauch machen mussten, und das entbehrlichste von allem — die Waare — die
Luxuswaare, das nie rostende Gold zuerst auf den
Markt brachten, da fiel der Preis des Goldes in Folge
mangelnder Nachfrage und übergrossen Angebots
ebenso tief wie er früher gestiegen war.

Das Experiment war also schon einmal gemacht
worden, hatte schwere Verluste gekostet und Jedem
gezeigt, dass der Rost den das Gold am P r e i s e erleidet, schneller frisst als der Rost am Stoffe irgend
eines anderen Gutes.

Aber warum keinen Wein kaufen, der ja statt
zu verderben, jährlich besser werden soll? Auch dies
Experiment war gemacht worden mit demselben Resultat wie mit dem ewig jungen Golde. Die Differenz
zwischen Ein- und Verkaufspreis hatte die unerfahrenen
Sparer mit dem wirthschaftlichen Gesetze bekannt gemacht, wonach der Preis durch Nachfrage und Angebot
bestimmt wird und ihnen gezeigt, dass man keinen
Wein kaufen soll, wenn alle welchen kaufen und auch
keinen verkaufen soll, wenn alle nur an Verkauf, Niemand an Kauf denkt.

Das Experiment mit dem nie rostenden Golde und
dem immer besser werdenden Weine hatte die Bürger
zur Zeit des Tauschhandels auf empfindlichste Weise

mit dem ökonomischen Gesetze vertraut gemacht, dass als Vorrath niemals die Waare, sondern nur das Gut betrachtet werden kann und dass es nutzlos ist auf dem Markte Güter zu suchen, die direkt für die Deckung unserer Bedürfnisse gebraucht werden können, dabei aber nicht an Maass, Gewicht und Qualität fortwährend einbüssen. Die Erde liefert solche Güter nicht. Alle Gebrauchsgüter, die für die Bildung von Vorräthen in Betracht kommen, verderben, kein einziges unter so vielen macht eine Ausnahme. Ich wiederhole: kein einziges.

Zur Zeit des Tauschhandels wusste man dies aus Erfahrung und jeder ertrug desshalb den unvermeidlichen Verlust an den Vorräthen mit derselben Würde, wie man ein unabwendbares, fatalistisches Ereigniss zu ertragen pflegt.

Jetzt wird unser Geld eingeführt und mit einem Schlage ändert sich die Situation. Den Gegenstand, den man bis dahin auf dem Erdenrund umsonst suchte, den lieferte jetzt das Gesetz, die menschliche Gesellschaft, das Geld.

Nicht weil mit der Einführung des Geldes die Güter dauerhafter, widerstandsfähiger geworden wären, sondern weil der Markt jetzt im Gelde einen Gegenstand bietet, der dauerhaft wie das Gold ist, dabei aber nicht wie dieses den Preisschwankungen einer Luxuswaare ausgesetzt ist, sondern als die edelste, wichtigste, begehrteste, nützlichste und unentbehrlichste Waare sich der denkbar bestfundirten Nachfrage erfreut. Das Geld verbindet die Unantastbarkeit der Edelmetalle, mit den Privilegien der nützlichsten Verkehrseinrichtung, mit der Verkäuflichkeit der unentbehrlichsten Waare. Für das Gold war die Nachfrage auf das Putzbedürfniss eitler, meistens kaufschwacher Menschen beschränkt, das Geld dagegen hatte die Waare selber zum Käufer. Eitle Frauenzimmer, pudelarme Neger, verlangten Gold und was mochten sie wohl dafür anbieten? Das Geld dagegen kauft der fleissige Arbeiter, der reiche Bauer, der aus fernen Gegenden mit Waaren aller Art kommende Handelsmann. Für das Gold gab es keinen Kaufzwang; Perlen, Muscheln,

Blumen und Edelsteine konnten für das Putzbedürfniss der jungen Leute als Surrogate gebraucht werden — für das Geld giebt es keine Surrogate, es giebt für das Geld einen mit den Waarenmassen genau abzuschätzenden materiellen Kaufzwang. Für das Gold konnte man unter Umständen lange auf einen Käufer warten — so lange, dass Mancher, der auf den Verkauf angewiesen war, häufig froh sein mochte die Luxuswaare mit Verlust losschlagen zu können — für das Geld dagegen brauchte Niemand auf Käufer zu warten. Wo Waare liegt, wo gearbeitet wird, wo Arbeitskraft angeboten wird — da ist auch Bedarf für Geld, materieller kaufmännischer Bedarf und so sehr sind wir an die leichte Verkäuflichkeit des Geldes gewöhnt — dass die Anwendung des Ausdrucks „Losschlagen" auf das Geld uns ein Lächeln abzwingt.

Kurzum das Geld (man unterscheide hier scharf Geld und Gold, Geld und Münze) ist auf der Erde der einzige Gegenstand, der sich für die Vorrathskammer eignet und an dem Tage, wo das Geld eingeführt wurde, war dies auch schon begriffen worden.

Die nächsten Folgen der Einführung unseres Geldes.

An dem Tage, wo der Markt mit dieser dauerhaften, nie rostenden und dabei unentbehrlichen, nützlichen, immer verkäuflichen Waare beglückt wurde, wurde der Inhalt sämmtlicher Vorrathskammern des Landes wieder auf Karren gepackt und zu Markte geführt — denn wer wollte noch im Hause gemeine Vorräthe, die täglich leichter werden, halten, während man sich durch den Kauf von Geld gegen solchen Verlust schützen konnte. An dem Tage, wo unser Geld eingeführt wurde, verwandelten sich die Güter in Waaren, das Wasser lief stromaufwärts, die Rückwärtsbewegung der Waaren zur Produktionsstätte war allgemein, die Bestellungen wurden abgesagt, Contrakte gebrochen, denn Niemand wollte mehr Waare kaufen — alle wollten nur Geld. Die Waare wurde verachtet, das Geld allein galt.

Jeder suchte zu verkaufen, sogar die persönlichen Vorräthe, die man doch über kurz oder lang gebrauchen musste, wurden zu Markte gebracht. Aber wo sollten jetzt plötzlich für ein solch gewaltiges Angebot die Käufer herkommen zumal Alle von demselben Wunsche beseelt waren — zu verkaufen —; zumal Niemand daran dachte zu kaufen. Jeder kaufte nur so viel und so wenig, wie er für den unmittelbaren Gebrauch kaufen musste, aber Jeder hielt seine gesammten Waarenbestände feil. Angebot ohne Nachfrage. Ueberproduktion! würde man heute ausrufen.

Die natürliche Folge eines solchen Zustandes war, dass jeder Producent seine unverkauften Produkte wieder nach Hause brachte, um sie im Schaufenster des besten Zimmers im Hause zum Verkauf auszu-

stellen oder aber er liess die Waare auf dem Markte
und beauftragte einen Mann (Kaufmann) mit dem Verkauf, der ihm von dem Erlös die gehabten Unkosten
abzog. Die erste, natürliche, nothwendige, unabwendbare
Folge der Einführung unseres schönen, dauerhaften,
unverwüstlichen Geldes war also die, dass die Güter
zu Waaren wurden, dass die Güter eine Rückwärtsbewegung machten, 'dass die Vorrathskammern geleert
wurden und dafür in jedem Hause das beste Zimmer
als Laden eingerichtet wurde. Statt Vorräthe, Waaren,
statt Vorrathskammern, Läden. Das Geld warf alle
Vorräthe auf den Markt zurück, wo sie bis zum unmittelbaren Consum liegen blieben.

Wer hätte voraussehen können, dass die Erhebung
des Goldes zu Geld so tief eingreifende Umwälzungen
im Waarenaustausch verursachen würde. Man hatte das
Geld eingeführt um den Waarenaustausch zu erleichtern,
um die Waaren der Producenten auf leichtere, sichere,
billigere Weise dem Consumenten zuzuführen und statt
einer Sicherung, Beschleunigung und Verbilligung des
Waarenaustausches erzielte man eine Rückwärtsbewegung der Waaren, eine völlige Unterbrechung des
Güteraustausches.

Man hat oft das Gold an sich verantwortlich
gemacht für viele sociale Schäden, aber das Gold an
sich ist vielleicht die nebensächlichste, unschuldigste
sämmtlicher Waaren. Wenn das Gold nur Gold wäre,
wer würde überhaupt davon sprechen?

Man hat auch oft das Geld an sich verantwortlich
gemacht für manches was im Güteraustausch als widersinnig und unsauber auffällt. Aber das Geld an sich
kann für solche Wirkungen nicht verantwortlich gemacht werden.

Nur die Uebertragung der Geldprivilegien auf
das Gold, die Legirung von Gold und Geld giebt diesen
schrillen Ton. Die Elemente sind gut; die Legirung
taugt nichts. Die Naturprodukte sind gut; das Kunstprodukt ist untauglich. Warum? Wir haben es ja
gesehen.

Die meisten National-Oekonomen beschreiben,

wenn sie die Eigenschaften aufzählen, welche ein gutes, brauchbares Geld haben muss, unser jetziges Geld und rufen dann pathetisch aus: So muss das Geld sein! Das Geld muss vor allen Dingen dauerhaft sein, sagen sie. Aber einen Grund geben sie dafür nicht an; von einem triftigen Grund überhaupt nicht zu reden! Es ist für sie einfach Axiom, dass das Geld dauerhaft sein muss, und der eine spricht es dem anderen nach, ohne die Gründe, die zu diesem Axiom führen konnten, zu revidiren. Es kommt dies ja oft vor in der Wissenschaft und die grössten Entdeckungen verdankt man von jeher der Revision solcher Axiome.

Doch fahren wir fort in unserer Untersuchung. Die Einführung des dauerhaften, unverwüstlichen Geldes hatte zur Folge, dass Jeder nur mehr Geld haben wollte, die Waare selbst wurde verachtet, die Vorrathskammern abgeschafft. Was diese früher als „Gut" enthielten, liegt jetzt als Waare auf den Märkten herum. So weit das Auge reicht, reiht sich Laden an Laden, massive Gebäude ersetzen die beweglichen Marktzelte. Die Jahrmärkte sind in Permanenz erklärt worden und nur den einen Unterschied bemerkt man, dass statt des lebhaften Treibens, welches sonst an Markttagen herrschte, Grabesstille in den modernen, massiven Läden herrscht, denn die Geschäfte, die sonst an einem Tage abgewickelt wurden, nehmen jetzt das ganze Jahr in Anspruch. Waaren sind da, massenhaft. Das Angebot ist da von früh bis spät, an Wochen- und Feiertagen, bei gutem und schlechtem Wetter, bei Hitze und Kälte, ununterbrochen. Nur fehlt die Nachfrage.

Jeder weiss jetzt, dass, was er auch wird kaufen müssen, heute, morgen und in Zukunft, er in diesem ewigen jahraus, jahrein Markt mit Bestimmtheit finden wird. Er ist dadurch der Aufgabe entledigt seinen persönlichen Bedarf an Waaren abzuschätzen und sich den Bezug derselben durch rechtzeitige Bestellung zu sichern.

Dies ist freilich für den Käufer recht angenehm, aber wie theuer kommt ihm diese Annehmlichkeit zu stehen! Denn der Käufer ist in der Mehrzahl der Fälle auch Verkäufer (die Rentner ausgenommen) und die Wechselwirkung aller wirthschaftlichen Verhältnisse bringt es mit sich, dass wenn der Käufer nicht vorausbestellt, der Verkäufer auch nicht auf feste Bestellung arbeiten kann; dass wenn der Käufer Vortheile geniesst, dies nur auf Kosten des Verkäufers sein kann.

Dadurch nun, dass durch die Einführung unseres unverwüstlichen Geldes der Inhalt der Vorrathskammer wieder auf den Markt geworfen wird und dort den Moment des unmittelbaren Consums abwarten muss, brauchen wir nichts im Voraus zu bestellen, aber diese Annehmlichkeit raubt unserer eigenen Industrie die nothwendige, sichere Unterlage der festen Bestellung. Aber was wir persönlich in absehbarer Zeit werden brauchen und bezahlen können kann jeder leicht überschauen, (zumal was „Bezahlen" anbelangt ist die Uebersicht leicht, wenn jeder mit Anfträgen versehen ist), was jedoch ein zweiter, ein Unbekannter in Zukunft von uns verlangen wird, ist schwer zu beurtheilen. Jeder arbeitet also statt auf Bestellung, nach Gutdünken, häufig auf's Geradewohl mit dem Erfolg, dass manchmal zu viel, manchmal zu wenig producirt wird, mit dem Erfolg, dass die gesammte Produktion mehr oder weniger zum Hazardspiel wird.

Die Annehmlichkeit die Vorrathskammern entbehren und die Abschätzung der eigenen Bedürfnisse anderen überlassen zu können, müssen wir also theuer, unverhältnissmässig theuer bezahlen. Sie kostet uns den Unterhalt zahlloser Läden und Kaufleute, die uns als Handelsspesen und Gewinne den grösseren Theil des Erlöses unserer Produkte abnehmen, sie kostet uns jene Ruhe und Sicherheit im Gewerbe, welche die Arbeit auf feste Bestellung giebt. Sie zwingt uns die eigenen Produkte auf dem Markte so lange feilhalten zu lassen, bis dass der Consument durch den unmittelbaren Bedarf an den Kauf erinnert wird.

Suma sumarum machen wir dabei ein schlechtes Geschäft. Ja, wenn das schöne, dauerhafte Geld diese Wechselwirkung der oeconomischen Verhältnisse hätte aufheben können, wenn wir unsere Einkäufe hätten bis zum Moment des Consumes aufschieben können,

ohne dadurch den Producenten zu zwingen auf dem
Markte so lange zu warten, dann würde auch ich einstimmen in das allgemeine Lob des unverwüstlichen
Geldes. So aber muss Jeder die Vortheile, die er als
Käufer geniesst, als Verkäufer mit schweren Unkosten bezahlen.

Das unverwüstliche, den Zerstörungselementen
der Natur trotzende Geld hat zur Folge, dass jeder
nur eben so viel kauft wie er unmittelbar gebraucht.
Und was bedeutet dies für den Verkehr?

Es bedeutet, unter Berücksichtigung der Wechselwirkung in welcher Kauf zu Verkauf steht, dass
Jeder auch nur so viel wird verkaufen können, als er
zum directen Lebensunterhalt braucht; denn woher
sollen die Käufer kommen für die von uns zu Spar-
und Kapitalzwecken erzeugten Waaren? Wenn Jeder
nur so viel kauft, als er zum directen Lebensunterhalt braucht, so wird auch im Durchschnitt Jeder nur
ebensoviel verkaufen und wenn Jeder nur so viel von
seinen Produkten verkauft, als zum directen Lebensunterhalt nöthig ist, wie kann er da sparen,
wie Kapital bilden?

Sparen kann Jeder nur unter der Bedingung,
dass er seine Produkte verkaufen kann, und diese
Produkte kann Jeder nur unter der Bedingung verkaufen, dass sie ein Anderer kauft. Die Gelegenheit
zu sparen, Kapital zu bilden, kann uns nur die Verkaufsgelegenheit unserer Produkte bieten; wenn wir
uns aber diese Gelegenheit gegenseitig nehmen, nehmen wir uns auch gegenseitig die Gelegenheit zu
sparen.

Dies ist einleuchtend. Die Beschränkung der
Einkäufe auf die zum directen Lebensunterhalt nöthigen Bedürfnisse, wie sie unser unverwüstliches Geld
zur Folge hat, muss als logisches Resultat die allgemeine Armuth zeitigen. Wir ruiniren uns Gegenseitig mit unserem Sparsystem, unser Sparsinn,
dem man schliesslich alle Kultur verdankt, wird durch
unser Sparsystem zum Fluch. Das System hat
ja nothwendigerweise wechselseitigen Ruin zur Folge

Der Zusammenhang zwischen diesem Sparsystem und dem damit erreichten Resultat ist einfach und klar. A und B produciren für 100 Wertheinheiten und bestimmen davon 50 zum Lebensunterhalt und 50 zu Spar- und Kapitalzwecken. Die Produkte sind zunächst Waaren und können in Gut und Kapital nur durch den Tausch verwandelt werden. Diesen Tausch vermittelt das Geld, resp. diesen Tausch ermöglicht allein das Geld. Wenn aber jetzt dieses Geld besser ist als Waare, als Vorrath und Kapital, so werden A und B nur das zum directen Lebensunterhalt nöthige kaufen und den Ueberschuss an Geld behalten. Hierdurch werden sich A und B wechselseitig die Gelegenheit nehmen ihren Produkten-Ueberschuss in Vorräthe und Kapital zu verwandeln. Die Differenz zwischen der Produktionsfähigkeit und den directen Lebensbedürfnissen der Producenten, welche sonst durch den Tausch in Vorräthe und Kapital verwandelt worden wäre, wird nun als Ueberprodukt den Markt belasten.

Arbeitsmangel, Kapitalmangel und Zins stellen sich jetzt als natürliche Folgen von selber ein. Nur der Zins kann die durch das dauerhafte Geld aufgehobene Parität zwischen Geld und Waare wiederherstellen und die Barriére, welche den Austausch der Waaren unterbricht, aufheben. Der Pluswerth, den Marx in dem Austausch der Waaren bereits entdeckte, erscheint hier in Form von Barriéregeld, welches die Disparität zwischen Geld und Waare erhebt.

Anm. Der Nachweis des Zusammenhanges zwischen unserem Sparsystem und dem chronischen Kapitalmangel, an dem der Markt seit Jahrtausenden (d. h. seit Einführung unseres Geldes) leidet, erklärt auch die merkwürdige Erscheinung, dass die sparsamsten Völker (Italien z. B.) auch heute die ärmsten sind. Weil dort alle sparen, sind auch dort alle zum Müssiggang verurtheilt. Eine ewige Ueberproduktion an Waaren belastet den Markt und unterbricht die Kapitalbildung.

Ein Fremdkörper der Erde als Aequivalent unserer Produkte.

Die Waaren mit Ausnahme des Geldes verderben. Sie werden täglich kleiner, leichter, schlechter, täglich büssen sie von ihrem Marktwerth ein.

Die Folge ist, dass wer Waare besitzt, sie auch zu verkaufen sucht, dass jeder der den Verkauf versäumt einen Verlust erleidet, dass das Angebot von Waaren nicht verschoben werden kann.

Ob es friert, regnet, oder ob die Sonne brennt, der Zeitungsverkäufer läuft doch durch die Strassen; unbekümmert um den Preisfall bringt der Bauer seine Kartoffeln zu Markte und ob die orientalische Frage mit oder ohne Pulver gelöst wird kann nicht verhindern, dass der Arbeiter seine Kraft zum Verkauf anbietet denn wer das Angebot seiner Produkte versäumt, wird' durch die Natur dieser Produkte bestraft.

Die Bedürfnisse der Menschen sind in der Hauptsache continuirlich. Continuirlich zwingen die Bedürfnisse und der Sparsinn den Menschen zur Arbeit und continuirlich erzeugt auch diese Arbeit Produkte. Da aber diese Produkte täglich schlechter werden, so ergiebt sich, dass das Angebot von Waaren continuirlich wie die Arbeit selbst ist. Das Angebot ist continuirlich wie das Athemholen.

Die Waare zwingt den Besitzer zum Verkauf; die Waare diktirt dem Inhaber die Verkaufsordre und oft gegen seinen Willen muss dieser dem Befehl nachkommen. Unbekümmert um den Stand der Preise wird die Waare angeboten.

Es wäre aber doch so einfach den Preisfall der Waaren durch Einschränkung des Angebots zu verhindern, denkt Mancher, aber kann man den Hochofen

alle Tage ausblasen; kann man den Arbeitsmann alle
Tage entlassen, kann man dem Weizen auf dem Felde,
dem Schweine im Stalle das Wachsen verbieten, kann
man dem Huhn das Eierlegen verwehren? Nein; die
Produktion ist auf ununterbrochenen Betrieb angewiesen und ununterbrochen ist daher auch das Angebot
von Waaren.

Und was würde es auch nützen, wenn man mit
grossen Verlusten am Maasse und an der Qualität der
Waare, das Angebot auf bessere Zeiten verlegte?
Steigt im Strome nicht das Wasser wenn der Abfluss
verwehrt wird, wächst der Vorrath an Waare nicht in
demselben Maasse wie der Verkauf nachlässt? Das Angebot wird durch die unaufhaltsam wirkende Industrie
täglich mit neuen Massen gespeist, täglich grösser,
täglich dringender und eine Zurücknahme des Angebots kann statt einer Preisaufbesserung nur einen Preisfall bewirken.

Im Interesse der Producenten kann es somit nur
liegen die Waaren so schnell wie möglich vom Markte
verschwinden zu lassen; sie werden zum Angebot
gedrängt (von ihren persönlichen Bedürfnissen abgesehen)

1) durch die Zerstörungselemente der Natur
2) durch die Natur der Produktion, welche keinen
Aufschub gestattet
3) durch die Accumulation der Waaren in Folge
mangelnden Abganges
4) aus Rücksicht auf die Fortschritte der Technik, welche mit jedem Tage bessere Modelle auf den
Markt wirft.

Von einem Aufschub des Angebots kann daher
niemals Rede sein.

Wie steht es dagegen mit der Nachfrage, mit
dem Angebot von unserem Geld?

Unser Geld ist, wie wir gesehen haben, von Edel-
metall hergestellt, ein Material, welches unter allen
in Betracht kommenden Produkten und Elementen
der Erde eine Ausnahmestellung einnimmt, insofern als
es unverwüstlich ist.

Nichts greift das Gold an; selbst die Zeit

nicht. Wer das Angebot von Geld verschiebt, der braucht nach Jahr und Tag sein Geld nicht nachzuwiegen: es ist unversehrt geblieben. Der Inhaber des Geldes wird durch die Natur des Geldes nicht wie der Inhaber der Waare zum Verkauf gedrängt, er kann, sobald seine persönlichen Bedürfnisse gedeckt sind, sich für den Verkauf des Geldes Zeit nehmen; er kann den für den Verkauf des Geldes günstigen Moment abwarten. Die Zeit spielt keine Rolle bei der Nachfrage.

Und nicht genug damit, dass die materiellen Eigenschaften unseres Geldes den Inhaber vor Verlusten schützen, er braucht auch die Produktion des Geldes nicht zu befürchten. Die Produktion des Goldes ist im Verhältniss zu den Goldbeständen der Erde und zu den in Betracht kommenden Zeiträumen so winzig klein, dass die Geldbesitzer bei ihren Operationen diesen Umstand füglich ganz unberücksichtigt lassen können. Eine Accumulation des Geldes, resp. der Nachfrage findet nicht statt.

Und rechnen wir dazu, dass Verluste, welche dem Geldbesitzer durch Verbesserungen im Geldwesen, wie sie der Waarenbesitzer in Folge Verbesserungen in den Produktionsmethoden unablässig erleidet, ebenfalls ausgeschlossen sind, weil ja solche Verbesserungen den vom Staate controlirten Preis des Geldes nicht berühren können, so finden wir, dass im Gegensatz zu der Waare, das Geld keinerlei Druck auf den Besitzer ausübt, sondern diesem nach Deckung seiner persönlichen Bedürfnisse vollkommen freie Hand lässt.

Durch den Regen, Sturm und Koth treibt die Waare ihren Besitzer zum Markte und bis jetzt hat man es noch nie, ich wiederhole ausdrücklich — noch niemals — erlebt, dass das Angebot natürlicher, persönlicher oder politischer Ereignisse halber unterbrochen worden wäre; ich habe es noch niemals erlebt, dass in Folge schlechten Wetters etwa die Läden in der Stadt geschlossen geblieben wären. Das Angebot ist immer da und wenn es aus gesellschaftlichen Interessen für nöthig gehalten wird, das Angebot zu unterbrechen, wie z. B. zur Sonntagsfeier, dann sind Gesetze nöthig, um das Angebot gewaltsam zurückzudrängen.

Die Nachfrage dagegen wartet gemüthlich ab, dass sich der Sturm gelegt, dass der Wind die Wege getrocknet, dass der Schnupfen vorbei ist, dass der politische Himmel sich aufklärt. Nichts drängt den Besitzer des Geldes und gerade desshalb wird die Nachfrage launenhaft wie ein hysterisches Weib. Die Nachfrage giebt den leisesten Wünschen nach; das Angebot befiehlt; es kennt keine Rücksichten; die Waare diktirt dem Besitzer die Verkaufsordre und bestraft die Nichtbefolgung mit empfindlichen Bussen; die Nachfrage erkundigt sich nach dem Wetter, nach den politischen Verhältnissen und nach den Interessen des Geldbesitzers.

Freilich, die Besitzer des Geldes haben auch Bedürfnisse, die keinen Aufschub gestatten, aber diese Bedürfnisse stehen vielfach in keinerlei Verhältniss zu den Geldbeträgen, worüber einzelne verfügen. Heute, wo das Gold obendrein den Banquiers als Depot anvertraut wird, spielen diese persönlichen Bedürfnisse überhaupt keine Rolle mehr.

Und wenn wir auch die Concentration des Geldes in den Banken, wie sie heute fast schon in allen Ländern durchgeführt ist, ganz ausser Betracht lassen wollten, so blieb immer noch diese Anomalie:

Das Angebot ist stets gleich der Summe von Produkten, welche die Menschen zu U n t e r h a l t-, Kapital- und S p a r z w e c k e n erzeugt haben und diese Gesammtproduktion wird stets und ohne Rücksicht auf politische, persönliche, natürliche und wirthschaftliche Ereignisse angeboten.

Die Nachfrage dagegen ist gleichmässig nur so weit die direkten, persönlichen, nicht einschränkungsfähigen Bedürfnisse der Geldinhaber in Betracht kommen. Und welche Bedürfnisse wären keiner Einschränkung fähig?

Alles, was sonst diese direkten Bedürfnisse übersteigt, erkennt als Gebieterin keinen materiellen Zwang an, sondern nur die Laune und G e w i n n s u c h t.

Und in der That -- der Banquier setzt das Geld in Waare um nur unter der Bedingung, dass er etwas daran gewinnt; sonst lässt er die Waare liegen, unterbricht den Austausch der Güter so lange, bis dass Consument und Producent zahm werden und der erste sein Angebot verbessert und der letztere von seiner Forderung nachlässt.

Wir sind hier auf die materielle Unterlage der Speculation gestossen. Wie sich keine Kraft ohne Stoff für unsere Sinne bemerkbar machen kann, so kann auch keine Speculation ohne materielle Unterlage getrieben werden. Hexerei giebt es nicht. Was uns an der Speculation hexenhaft, ideel erscheint, beruht einfach auf die Ausnutzung materieller Eigenschaften des Geldes. Die Disparität zwischen Geld und Waare, zwischen Nachfrage und Angebot, die Fremdkörpereigenschaft unseres Geldes besser, dauerhafter zu sein als wir und unsere Produkte, das ist die Kraft womit die modernen Riesenvermögen aus dem Nichts gehext werden.

Im Kampf um den Preis, den Nachfrage und Angebotausfechten, gleicht die Nachfrage einem Krieger, der, auf festem Boden stehend, den Rücken geschützt von einem unübersteigbaren Felsen, mit stahlhartem Panzer gewappnet, mit Ruhe seinen Gegner (das Angebot) erwartet, der, mit verrosteten Waffen, den Unbilden des Wetters ausgesetzt, durch den Morast heranrückt und sich zur Lieferung des Gefechtes beeilen muss, weil von hinten feindliche Reservetruppen (die nie rastende Produktion) in Eilmärschen heranrücken.

Je länger sich das Angebot besinnt, desto mehr zerfällt seine Wappnung, desto näher rücken die Feinde von hinten heran, während die Nachfrage mit Seelenruhe die Kapitulation abwartet. Und die Bedingungen einer solchen Kapitulation? Ob das, was an dem ehernen Lohngesetz der Sozialisten richtig ist, nicht gerade mit den Bedingungen einer solchen Kapitulation zusammenfallen muss?

Die Unverwüstlichkeit des Tauschmittels vergänglicher Waaren ist auf alle Fälle ein Privileg und dies Privileg muss etwas werth sein, wenigstens in den Händen eines Kaufmannes. Wer bezahlt nun den Preis dieses Privilegs?

Das in Rede stehende Privileg ist rein kaufmännischer Natur und nur der Speculant, der über die nöthige kaufmännische Bildung, kaufmännischen Verbindungen und kaufmännischen Apparat verfügt, kann das mit dem Gelde verbundene Privileg verwerthen; wer diese Verbindungen nicht besitzt, für den hat das Privileg keinen Werth; der muss das Geld hergeben, ohne dass er sich den (bezahlten) Werth des Privilegs zurückerstatten lassen kann.

Die Frage, wer den kaufmännischen Werth des Privilegs bezahlt, ist hiermit beantwortet.

In diesem Stadium unserer Untersuchung erscheint uns das Geld als ein Speculationsobjekt „par excellence" und von dieser Seite wollen wir dasselbe jetzt etwas näher betrachten.

Das Geld als Speculations-Instrument

Um mit Aussicht auf sicheren Erfolg speculiren zu können, muss das Object, welches als Grundlage der Speculation dienen soll, folgende Bedingungen vereinigen:
1) Das Angebot muss auf wenige Personen concentrirt sein um einmüthiges Handeln zu ermöglichen.
2) Die Nachfrage muss dagegen auf möglichst viele Personen vertheilt sein um einmüthige Vertheidigung zu erschweren.
3) Das Object muss ein unentbehrlicher, surogatfreier Bedarfsartikel sein, damit derselbe trotz erhöhter Preise gekauft wird.
4) Die Production des Objectes darf nicht beliebig vermehrungsfähig sein, damit beim ersten Anziehen der Preise der Markt nicht mit dem Artikel überschwemmt wird.
5) Der Artikel muss leicht aufzubewahren sein, damit die Unkosten an Lagergeld, am Gewicht, an der Qualität, an Versicherung etc. den von der Preissteigerung zu erwartenden Gewinn nicht ausgleicht.
6) Der Artikel muss transportfähig sein um die nothwendige Excentration und Concentration zu ermöglichen.

Giebt es nun solche Waaren überhaupt? Sehen wir uns um auf dem Markt; betrachten wir uns die dort aufgestapelten Waaren vom Gesichtspunkte der Speculation und wir werden schnell zur Erkenntniss gelangen, dass es auf dem Erdenrund keine einzige Waare giebt, wo nicht an irgend einer Stelle die Achillesferse durchblickt. Hier ist das Angebot nicht zu concentriren; dort ist der Artikel durch Surogate zu ersetzen; hier wieder ist die Production nicht ge-

nügend beschränkt und dort stehen die Unkosten der
Operation nicht im Verhältniss zum möglichen Gewinn.
Kurzum irgendwo hapert es immer und Thatsache ist, dass jede Waarenspeculation mit Risico verbunden ist. Wenn heute trotzdem viel und mit Erfolg speculirt wird, so liegt die Erklärung in dem absoluten
Mangel an Vorräthen, in der Käuflichkeit sämmtlicher
Producte bis zum unmittelbaren Moment des Consums,
welche seit Einführung unseres Geldes eingetreten ist.
Auf diesen Mangel an Vorräthen allein stützt sich die
Speculation durch Ueberraschung, die einzige Speculation die heute mit Waaren getrieben wird und
überhaupt mit Waaren getrieben werden kann. Würde
durch eine entsprechende Reform unseres Geldes der
Waare das Hinderniss aus dem Wege geräumt werden, welches ihr den Weg zum Consumenten versperrt,
so würde es überhaupt unmöglich werden mit Waaren zu speculiren.
Nun untersuchen wir das Geld als Speculationsobject. Welche Ueberraschung! Wie wunderbar sind
hier alle Bedingungen einer Speculation ohne Risico
vereinigt? Nichts fehlt hier um den Erfolg zu sichern. Alle Eigenschaften einer Speculationswaare
sind hier harmonisch vereinigt. Jedes Risico ist hier
ausgeschlossen. Nicht auf Ueberraschung braucht sich
diese Speculation zu stützen; sie stützt sich einfach
auf ihre materielle Macht. Die Speculation muss gelingen; jeder Zweifel an dem Erfolg ist ausgeschlossen.
Sehen wir zu.
1) Ist das Angebot von Geld nicht heute durch das
   Bankwesen in den Händen Weniger vereinigt;
   ist einmüthiges Vorgehen bei diesen Wenigen
   nicht leicht zu erzielen?
2) Ist die Nachfrage für Geld nicht vertheilt auf die
   Millionen von Waarenbesitzern; ist Einmüthig-
   keit bei den Vertheidigungsmassregeln nicht von
   vornherein ausgeschlossen?
3) Ist das Geld nicht die unentbehrlichste, surogat-
   freieste Waare die der Markt bietet? Kann der
   Producent seine Waare ohne Benutzung des Gel-

des in das für ihn nöthige Gebrauchsgut verwandeln?

4) Ist die Produktion des Geldes, wenigstens so lange wir die Goldwährung aufrecht erhalten, für die in Betracht kommenden Zeitabschnitte nicht völlig belanglos?

5) Ist die Aufbewahrung des Geldes nicht kostenlos, findet man selbst bei einer Feuersbrunst nicht im Schutte des Gebäudes das Gold unverletzt wieder?

6) Ist nicht das Geld in idealer Vollkommenheit ex- und concentrationsfähig?

Angenommen nun unsere haute finance, der es weder an der nöthigen kaufmännischen Bildung noch an den unentbehrlichen Verbindungen und dem kaufmännischen Apparat fehlt, beabsichtigte heute eine Speculation grossen Stils zu inseniren, was bliebe dem Bauer übrig, als die Sache über sich ergehen zu lassen und zu bezahlen?

Zu einem guten, sicheren Geschäfte findet sich die Verständigung selbst mit Feinden, geschweige denn mit Geschäftsfreunden bei denen der Corpsgeist so scharf ausgeprägt ist, wie gerade bei der „Haute finance". Einigkeit ist also vorauszusetzen.

Auf ein gegebenes Zeichen entledigen sich die Mitglieder des Ringes durch Verkauf Aller ihrer Werthpapiere; — Actien, Titel aller Art werden zu Geld gemacht und der Erlös in baarem Gelde in Kellern aufgehoben. Kaum fängt die durch solche Drainage hervorgerufene Geldknappheit an, ihre unabwendbare, unvermeidliche, nothwendige Wirkung auszuüben, so wird der kaufmännische Apparat in Bewegung gesetzt, und der Markt, der durch die Efecten-Realisation schon stutzig geworden ist, durch Gerüchte aller Art alarmirt. In diesem Alarm finden die Finanzleute ein hochwillkommenes Motiv um den Discont von Wechseln abzuschlagen und die Drainage des Geldmarktes, welche mit dem Verkauf der Titel und Actien begonnen hatte, wird jetzt durch Einziehen der fälligen Wechsel etc. durchgeführt.

Das Geld wird knapp und weil es knapp wird, muss es im Preise steigen und die Preissteigerung des Geldes macht sich in einer allgemeinen Baisse bemerkbar. Jetzt werden die theuer verkauften Titel billig wieder eingekauft; dadurch kommt Geld auf den Markt, die Reaction tritt ein, mit grosser Coulanz werden Wechsel discontirt, Geld überschwemmt den Markt, die Preise aller Waaren gehen in die Höhe; die Speculation ist gelungen.

Ja, wenn in der Verwaltung unseres Geldmonopols die Erkenntniss zum Durchbruch gebracht werden könnte, dass der Staat die Pflicht hat den Preis des Geldes unter allen Umständen aufrecht zu erhalten, dass der Staat die Festigkeit des Geldpreises unter Umständen zu erzwingen hat, dass der Staat, im Falle einer solchen speculativen Drainage des Geldmarktes, der Preissteigerung des Geldes durch Ausgabe ausgleichender Summen zuvorkommen muss, dass der Staat als Verwalter des Geldmonopols die Geldausgabe dem Geldbedarf zu jeder Zeit haarscharf anzupassen hat, dann wären auch solche Operationen unmöglich.

Aber um eine solche, kaufmännische, vernunftentsprechende, zielbewusste Finanzpolitik betreiben zu können, muss der Staat ja das Material für die Geldfabrikation in unbeschränkter Menge zur Verfügung haben. Und wo soll er heute das Geld dazu herholen?

Besser, wirksamer noch, würde man aber die Erhebung solcher Barrieregelder unmöglich machen, wenn man unserem Gelde die Eigenschaften, die es zum Speculationsobject machen, einfach abstreifen würde; wenn man unser Geld in speculativer Hinsicht den Waaren gleich machte, mit denen sich ja, wie wir gesehen haben, nur mit Risico speculiren lässt, und das nur durch Ueberraschung.

Angenommen wir hätten unser Geld in der Weise reformirt, dass dessen einzelne Stücke, wie unsere Produkte im Allgemeinen gleichmässig am Werthe einbüssen würden, so dass man unser Geld ohne persönlichen Verlust nicht vom Markte zurückhalten könnte. Dann würde das Geld gleichmässig alle Tage und ohne Rücksicht auf politische, wirthschaftliche, persönliche Verhältnisse auf dem Markte erscheinen und den Verkaufszwang, dem die Waare unterliegt und der ja auch keine solche Rücksichten kennt, ausgleichen, jede Speculation im Keime erstickend.

Unser Geld hat zum einzigen Zweck den Austausch unserer Produkte zu erleichtern und wir sollen unser Geld desshalb den Bedürfnissen des Waarenaustausches anpassen. Jede, selbst die radikalste Reform unseres Geldes, wenn sie zweckentsprechend wirkt, ist immer nur gerade radikal genug und darf uns nicht abschrecken. Krebsschäden können ja doch nicht mit oberflächlichen Salben behandelt werden und nur durch Extirpirung der Nebeneigenschaften unseres Geldes können wir dessen Nebenwirkungen ausrotten.

Wer vor der Durchschlagskraft der soeben angedeuteten Reform zurückschreckt und auf Umwegen dasselbe Ziel, d. h. die Vernichtung der Speculation zu erreichen sucht, der wird nichts anderes erreichen, als was man bis heute mit solchen Mittelchen erreicht hat, man wird den Handel belästigen ohne die Wurzel des Uebels zu treffen.

Zwang, natürlicher, materieller Zwang beim Angebot. Freiheit, natürliche, materielle Freiheit bei der Nachfrage, wie kann das jemals einen guten Klang geben? Man darf selbst nicht Kaufmann sein, nie mit Waaren operirt, auch nie selbst speculirt haben, um von solchen Verhältnissen eine gedeihliche Entwickelung unserer Wirthschaft zu erwarten.

Wir brauchen Parität zwischen Waare und Geld; zwischen Angebot und Nachfrage, und da wir diese Parität nicht durch Anpassung der Waare an das Geld herstellen können, so bleibt nichts anderes übrig als das Geld paritätisch mit der Waare zu machen. Giebt es einen anderen Ausweg um zwischen Nachfrage und Angebot zu allen Zeiten, im Krieg wie im Frieden, in guten wie in schlechten Zeiten, einen Ausgleich zu erzielen? Ich bitte um Antwort auf diese Frage.

Die Frage ist einfach und klar gestellt: Ist es möglich, dass es jemals zu einem dauernden Ausgleich zwischen Nachfrage und Angebot

kommen kann, wenn das Angebot, dem Drucke
natürlicher Verhältnisse nachgebend, ununterbrochen auf dem Markte erscheint, die Nachfrage aber, von jenem natürlichen Zwange
durch materielle Eigenschaften unseres Geldes befreit, nur die Laune, die Gewinnsucht,
die Conjunctur oder wie man es nennen mag,
zur Gebieterin hat und den Markt nur unter
der Bedingung des Gewinnes betritt?

Das Angebot, von 1000 natürlichen Feinden
gehetzt und verfolgt, das nicht einen Tag ohne Verlust
verschoben werden kann, setzt man einem Gegner gegenüber an dem die Zeit spurlos vorüber zieht!!

Ist dies Argument allein nicht genügend, um das
jetzige Geldsystem als unbrauchbar zu verurtheilen,
um jede Reform, die der Speculation den Boden zu
entziehen vermag, willkommen zu heissen.

Doch wir wollen nicht vorgreifen. Die Erkenntniss
der völligen Unhaltbarkeit unseres heutigen Geld-
systems, die hier schon deutlich sich Bahn bricht, muss
zur völligen Evidenz werden.

Fahren wir drum fort in unserer Untersuchung.

Die Circulation unseres Geldes.

Im ersten Theil dieser Schrift wurde gesagt, dass die Waareneigenschaft des Geldes, d. h. der Mangel an Consumwerth, das Geld in Circulation setzt und dass die Beständigkeit dieser Waareneigenschaft das Geld auch beständig in Circulation erhält. Ferner wurde gesagt, dass, da der Verkauf des Geldes allein die Möglichkeit bietet aus ihm Nutzen zu ziehen, dieser Nutzen mit der Schnelligkeit der Circulation wachsen muss und dass daher auch das Geld die Grenzen, die der Schnelligkeit seiner Circulation durch die Handelseinrichtungen gezogen werden, zu durchbrechen sucht.

Für die Klarheit der Darstellung war es nöthig nicht zu viel „Wenn" und „Aber" hineinzutragen, sondern das Exempel auf die einfachste Formel zu reduziren. Drum unterliess ich es von den speculativen Faktoren, wovon zuletzt die Rede war, dort schon Erwähnung zu thun. Der Vorsicht halber sprach ich übrigens auch nur vom normalen Gelde, d. h. Geld bei welchem, wie bei der Waare, der Circulationsdrang kräftig genug ist, um die Widerstände, welche das Sonderinteresse der Besitzer des Geldes der Circulation entgegen werfen, zu überwinden.

Wir haben aber gesehen, dass bei unserem jetzigen Gelde diese Circulationskraft nicht ausreicht, dass die Privatinteressen der Geldbesitzer das Geld aus seiner Circulationsbahn hinauszudrängen vermögen, dass das Geld nicht immer die Maximalgeschwindigkeit in der Circulation innehält und müssen daher diese Umstände bei der Zusammenstellung der Faktoren, welche den Preis bilden, zu Rathe ziehen.

In die Reihe der rein materiellen Faktoren, welche den Preis bilden, treten jetzt speculative Fak-

toren, uncontrolirbare Faktoren, das Interesse. Zwar
hat das Interesse ja auch eine gleichmässige, controlirbare Wirkungsweise, wir wissen wie diese Kraft
wirkt, wir wissen, dass sie stets gleichmässig wirkt,
aber es fehlt ihr doch die materielle, greifbare Unterlage und an Stelle der matemathischen, treten die
speculativen Deductionen, zu deren Verständniss mehr
kaufmännische Praxis, oder falls diese fehlt, Einbildungskraft nöthig ist.

Das Geld behält also die ihm durch die Waareneigenschaft imprimirte Circulationsgeschwindigkeit nicht
immer bei, sondern es betritt den Markt nur unter der
Bedingung des Gewinnes (Differenz).

Aber damit dieser Gewinn möglich, resp. gesichert
sei, muss eine unentbehrliche Vorbedingung erfüllt
werden und zwar darf das Geld in der Zeit zwischen
Kauf und Verkauf der Waare nicht theurer werden,
resp. nicht im Preise steigen, denn sonst verliert der
Kapitalist an dem Verkauf der Waare, was er am
Einkauf gewonnen. Und umsonst betritt ja das Geld
den Markt nicht. Ist dort nichts zu holen, so bleibt
es zu Hause.

A bestimmt 100 Werthe zum Ankauf von Waaren
an denen er beim Verkauf 10 Werthe zu gewinnen
denkt. In der Zeit aber, die zwischen Kauf und Verkauf
liegt, steigt das Geld aus irgend einer Ursache im
Preise, so dass die Waaren im Durchschnitt um 10 %
im Preise fallen. Wo bleibt der Gewinn? Wer wird
da überhaupt noch Geld zu Markte tragen?

Die Waare allerdings sucht auf dem Markte nur
das Aequivalent; sie erscheint aber auch dann noch
auf dem Markte, wenn der Verkauf einen positiven
Verlust einträgt, aber das Geld macht den Gewinn zur
Bedingung des Verkaufs, es sucht auf dem Markte
Aequivalent plus Gewinn.

Wie nun, wenn aus irgend einer Ursache das
Geld wirklich im Preise steigt, wenn die Waare im
Preise fällt, wenn die Waaren im Durchschnitt billiger
verkauft werden müssen, als sie gekauft wurden; wenn
der Einstandspreis über dem Verkaufspreis steht, wenn
die Geldcirculation Verluste statt Gewinne einbringt?

Wir haben ja gesehen, dass es genügt die Produktionsmittel zu verbessern um den Bedarf an Geld um den Betrag der durch solche Verbesserungen vermehrten Waarenproduktion zu verstärken und eine verstärkte Nachfrage erhöht den Preis. Der Bedarf an Geld wächst, sein Preis steigt, der Einstandspreis der Waaren steht über dem Erlös, die Geldcirculation bringt Verluste ein, das Geld wird vom Markte zurückgezogen, bessere Conjuncturen abwartend verbirgt es sich in den Kellern. Gerade dann wenn der Bedarf an Geld wächst wirft das Interesse das Geld aus seiner Circulationsbahn hinaus. Die Circulationskraft unseres Geldes genügt nicht um die geringste Steigerung in seinem Preise zu überwinden.

Tritt uns hier aus der Betrachtung dieses merkwürdig lächerlichen Verhältnisses die Ursache der gefürchteten und furchtbaren Wirthschaftskrisen nicht klar und deutlich vor Augen?

Was hat man nicht über Wirthschaftskrisen und deren Ursachen geschrieben und gefabelt? Hier liegt sie deutlich und nackt vor uns; jeder Handelslehrling erkennt sie. Zurückziehung des Geldangebots in Folge verstärkter Nachfrage!!! Unterbrechung der Geldcirculation in dem Moment, wo der Geldbedarf des Marktes wächst!

Weil wir unsere Produktionsmittel verbessert haben, weil wir fleissig und erfinderisch waren, weil wir gute Ernten hatten, weil das Volk an Zahl gewachsen ist, weil wir der Besitz- und Arbeitstheilung grössere Ausdehnung gegeben etc. etc. ist das Angebot von Waaren, der Bedarf an Geld gewachsen und weil dieser verstärkten Nachfrage kein verstärktes Angebot auf dem Fusse folgte, stieg das Geld im Preise, fielen die Preise der Waaren.

Und weil das Geld im Preise steigt, trägt es mehr ein, wenn es im Keller liegt, als wenn es zu zu Markte getragen wird und wird vergraben.

Und weil das Geld vergraben wird gerade zu einer Zeit, wo der Bedarf an Geld wächst, thürmen sich die Waaren wegen mangelnder Nachfrage auf, wie sich das Wasser vor einem aufgerichteten Wehr staut, und verstärken die Nachfrage für Geld bis ins Riesenhafte. Und weil die Nachfrage für Geld wächst, steigt auch sein Preis und weil der Preis des Geldes im Steigen begriffen ist, bleibt der Verkaufspreis der Waaren dauernd unter dem Einstandspreis, bringt das Geld auf dem Lager mehr ein als auf dem Markte. Aber das Angebot drängt; die Wehre werden durchbrochen — à tout prix — werden die Waaren losgeschlagen, und gerade weil die Waaren losgeschlagen werden müssen, kann sie kein Kaufmann gebrauchen, will sie kein Kaufmann haben, denn er muss befürchten, dass er das was er heute so fabelhaft billig kauft morgen noch billiger verkaufen muss. Die Waaren sind unverkäuflich weil sie zu billig sind und noch billiger zu werden drohen; die Geldcirculation bringt nichts ein, weil das Geld im Preise steigt und man auf weitere Steigerung hofft. Die Krisis!

Und gerade weil die Krisis ausgebrochen ist, weil die Activa der Kaufleute abgenommen und die Passiva (den Activa gegenüber) gestiegen sind, weil Jeder der Verpflichtungen in Geld übernommen hat, diesen des erhöhten Geldpreises wegen nicht nachkommen kann, weil Zahlungseinstellungen an der Tagesordnung sind und der ganze Handel in ein Hazardspiel ausgeartet ist, wird der Kredit eingeschränkt und weil der Kredit eingeschränkt wird, wächst der Bedarf an Baargeld gerade wieder zu einer Zeit, wo das Geld vergraben wird.

Der Kredit entlastet ja den Bedarf an Geld um die auf diesem Wege ausgetauschte Gütermasse; die Unterbrechung des Kredits wirft diese Gütermasse auf das Geld. Und dies geschieht, muss geschehen, so oft das Geld im Preise steigt, so oft das Geld knapp im Verhältniss zum Bedarf wird, so oft das Geld schon überlastet ist. Der Mangel an Geld, statt die Entlastungskanäle in erweitertem Umfange in Benutzung zu nehmen, führt im Gegentheil zu deren Versandung. Der Kredit versagt immer gerade dann, wann er Noth thäte.

Wie das Feuer im Schornstein den Luftzug erzeugt, der das Feuer belebt, so belebt und stärkt heute der Mangel an Geld den Bedarf an Geld. Nirgendwo sieht man den regulirenden Einfluss compensativer Kräfte, von denen noch so viele träumen. Verschärfung, nicht Milderung, von Compensation nirgendwo eine Spur.

Diese Compensation für den wachsenden Bedarf an Geld sucht man in einer beschleunigten Geldcirculation, indem man annimmt, dass der Wunsch billig zu kaufen, das Geld in verstärkter Masse zu Markte führen muss. Aber das umgekehrte ist der Fall. Die Furcht, dass das, was heute so billig angeboten wird, morgen noch billiger sein wird, schnürt alle Börsen zu und thatsächlich sehen wir ja auch nur so oft und so lange oftene Börsen als wie die Tendenz à la hausse ist.

Nein, das Interesse am billigen Kauf compensirt den Geldmangel nicht, sondern verschärft ihn. Und so muss es auch sein, denn wie würde man sonst die bekannte Thatsache erklären, dass die Banken nie so voll von Geld strotzen, wie zu Zeiten wo auf den Märkten die Waaren verschleudert werden und das Kapital mangels Beschäftigung verdirbt, verfault, verloren geht.

Mit der Phrase „Schlechte Conjuncturen" sucht man solch lächerlichen Zustand zu erklären.

Ja, die Conjuncturen sind schlecht weil das Geld vergraben wurde gerade zu einer Zeit, wo der Bedarf an Geld gewachsen war.

Das merkwürdige bei der Sache ist aber, dass das Angebot sich niemals nach den Conjuncturen erkundigt; dass immer und ausschliesslich nur das Geld die Conjuncturen berücksichtigt.

Was sollen wir nun thun um solchem Humbug ein Ende zu machen? Klar und deutlich ist uns der Weg vorgeschrieben.

Die Nachfrage muss dem Angebot assimilirt werden, wir müssen ein der Waare paritätisches Geld einführen. Wir müssen verhindern, dass sich die Nachfrage vom Markte zurückziehen kann, wir müssen dafür sorgen, dass die Nachfrage unbekümmert um wirthschaftliche, politische, natürliche und persönliche Ereignisse, zusammen mit dem Angebot täglich auf dem

Markte erscheine. Das Geld muss unter Circulationszwang gestellt werden, wie ja die Waare auch einem Verkaufszwang unterliegt. Wir müssen unserem Gelde mehr Circulationskraft geben, so dass es jedes Hinderniss, welches Sonderinteressen ihm in die Bahn werfen, überwinden kann. Die Wucht, die Durchschlagskraft, der Impuls, die das Geld in Circulation setzen und erhalten, müssen verstärkt werden, so dass es durch Nichts und niemals aus seiner Bahn gedrängt werden kann. Wie der Mond, unbekümmert um das was auf der Erde sich ereignet, seine Bahn beschreibt, so muss das Geld in ruhigem, unbehindertem Laufe seine Kreise durch den Markt ziehen.

Dann kann das Geld der Conjuncturen halber nicht mehr vom Markte zurückgezogen werden, und weil es nicht vom Markte zurückgezogen werden kann, können auch die Waarenpreise nicht fallen, braucht der Kredit nicht eingeschränt zu werden, können die Conjuncturen nicht schlecht werden, kann keine Krisis mehr ausbrechen.

Denken wir uns doch den Fall, dass unsere haute finance statt des goldenen Geldes, solches aus gemeinen irdischen Produkten, aus Waaren, in ihren Kellern aufbewahrte. Ob sie solches Geld auch der Conjuncturen wegen vom Markte zurückziehen würde? Nein! Sie würde durch die Natur dieses Geldes gezwungen werden, die Nachfrage regelmässig dem Angebot entgegen zu senden und weil dann das Angebot regelmässig der Nachfrage begegnen würde, könnten sich die Conjuncturen niemals zu einer Krisis verschlechtern. Krisis! Was ist denn Krisis anders als Angebot ohne Nachfrage; Verkaufszwang, ohne ausgleichenden Kaufszwang!

154 Zahlenmässige Darst. d. Preises u. Geldes in Krisiszeiten

Zahlenmässige Darstellung des Preises unseres Geldes in Krisiszeiten.

Wir wollen jetzt mit dem neu gewonnenen Material die im ersten Abschnitt angeführte Preisfaktoren-Tabelle vervollständigen.

Jene Tabelle schloss mit einem Verhältniss vom Angebot zur Nachfrage von 1296 zu 1400, resp. mit einem Preise von 1.08 Wertheinheiter für die Waareneinheit, und diese Zahlen wollen wir als Ausgangspunkte auf diese zweite Tabelle übertragen.

	Angebot	Nachfrage
Angebot von Waaren.		
Uebertrag	1296	1400
1) In Folge kräftiger Entfaltung der productiven Kräfte des Landes, Erfindung neuer Productionsprozesse, Veredelung der Kulturpflanzen etc. ist die Waarenproduction um 20 %/₀ gestiegen.	259	140
	1555	1260
Angebot von Geld.		
2) Der Preisfall der eintritt, weil dieser verstärkten Production in Waaren keine verstärkte Production in Geld entgegengeworfen wird, hat zur Folge, dass das Geld im Keller mehr einbringt als in der Circulation, weshalb ein Theil des Geldes (10 %/₀) vom Markte zurückgezogen wird.		
3) Der verminderte Abfluss, der in Folge dieser Flucht des Geldes auf dem Waarenmarkt eintritt, verursacht eine entsprechende Stauung der Waaren und natürlich auch ein entsprechend stärkeres Angebot (10 %/₀).		
4) Der verschärfte Preisfall der dadurch unvermeidlich wird, alarmirt den Markt und einerseits aus Vorsicht, andererseits aus Speculation werden starke Summen die sonst dem Discont von Wechseln etc. bestimmt waren vom Markte zurückgezogen (10 %/₀).	155	126
	1710	1134

Zahlenmässige Darst. d. Preises u. Geldes in Krisiszeiten 155

	Ange-	Nach-
	bot	frage
	1710	1134
	171	113
	1881	1021
	188	102
	2069	919

5) Dies kann natürlich wieder nicht geschehen ohne die Waarenstauung, worunter der Markt leidet, zu verstärken, denn die Production wirft rastlos ihre Produkte auf den Markt, wo sie sich anhäufen in Folge mangelnder Nachfrage. 10 %.

6) Die Panik, die jetzt ausbricht, hat zur Folge, dass die Depositbanken von den Sparern gestürmt werden und zahllose Millionen hierdurch wieder vom Markte verschwinden (10 %).

7) In Folge solcher schlechten Geschäftslage, weil Zahlungseinstellungen an der Tagesordnung stehen, weil die Verkaufspreise der Waaren tief unter den Einstandspreisen stellen, wird der Kredit überall abgebrochen und die Waaren, die sonst auf diesem Wege ausgetauscht wurden, fallen auf das Baargeld zurück und vermehren dessen Bedarf gerade jetzt, wo dieses Geld vom Markte weggezaubert ist. 10 %.

8) Es herrscht jetzt Nothstand, und die Aussichten sind schlecht, drum werden die Ausgaben eingeschränkt, so dass jetzt sogar die Geldbeträge, welche durch die continuirlichen Lebensbedürfnisse dem Markte zugeführt werden, bedeutend abnehmen. Die Lebensbedürfnisse sind ja elastisch. Die Nachfrage nimmt dadurch wieder um 10 % ab.

9) Da aber die Waaren verderben, so kann der Preisfall kein Hinderniss für deren Angebot sein. Die Waaren werden losgeschlagen, verschleudert, zu jedem Preis, in Auctionen, nur weg damit.

10) Die Krisis ist da. Das Verhältniss von Nachfrage zu Angebot hat sich von 1298 zu 1400 auf 2069 zu 919 verschoben, der Preis ist von 1.08 auf 0.44 gefallen.

Die Panik, die nun folgt, ist schwer zu beschreiben, und die Beziehung von Ursache zur Wirkung in vielen Fällen nicht festzustellen. Zerfahrenheit, Kopflosigkeit tritt an Stelle der kaufmännischen Ruhe, Zahlungseinstellungen, Arbeitseinstellungen, Wucher etc. etc. Dies ist der Knalleffekt, womit das Schauspiel, welches uns die Goldwährung bietet, würdig abschliesst. Und dieser Zustand hält an bis dass die Reaktion einsetzt. Früh oder spät tritt auch die Reaktion ein, muss mit Naturnothwendigkeit eintreten, denn das vorhandene Kapital verdirbt, verfault, geht verloren und Neubildung von Kapital ist bei der völligen Stockung im Waarenaustausch unmöglich. Die Maschinen verrosten, das Mauerwerk zerfällt, der eingeschulte Arbeiterstamm ist in alle Winde zerstoben, die Gruben zerfallen und ersäuft. Das Kapital wird knapp in Folge dessen, der Zinsfuss steigt und übertrifft schliesslich den Gewinn den das Geld im Keller durch Preissteigerung einbringt. Als Kapital betritt jetzt das Geld den Markt, herausgelockt durch den hohen Zinsfuss, als Kapital wird es angeboten und als Kapital tritt es in die Circulation. Die Umsetzung von Kapital in Waare erfolgt durch denselben Kapitalmangel und die Preise der Waaren ziehen an. Die Besserung der Preise, die Hoffnung theurer verkaufen zu können als man kaufen kann, lockt jetzt auch das Geld als Waare auf den Markt, die Nachfrage steigt, mit ihr die Preise und immer dreister wird damit die Nachfrage. Das Geld wird aus den Kellern herausgeholt; Wechsel werden discontirt, Creditverbindungen eröffnet, Geld überschwemmt den Markt.

Die Reaktion siegt; die Preise steigen, fabelhafte Vermögen sind durch Differenzen gewonnen und verloren worden, noch bedeutend grössere Summen sind durch die Verkehrsstörung an Kapital vernichtet worden. Es sind wieder eine Reihe von Jahren nöthig um die Verwüstungen der Krisis auf dem Kapitalmarkte auszubessern und um den hohen Zinsfuss, den der Kapitalmangel jetzt bedingt, wieder auf sein früheres Niveau herunterzudrücken.

Einen Vortheil hat die Krisis doch gehabt, sagen die Rentiers, die sich retten konnten; sie hat das Angebot von Kapital bedeutend verringert, sie hat durch die Vernichtung von Kapitalien den Zinsfuss aufgebessert.

Betrachtungen die sich an die vorangehende Tabelle knüpfen lassen

Aus der im Abschnitt I dieser Schrift zusammengestellten Tabelle der Preisfactoren des Geldes trat klar die überwiegende Macht hervor, welche der Staat, als Inhaber des Geldmonopols, über den Preis des Geldes ausübt und in daran geknüpften Betrachtungen wurde gesagt, dass diese staatliche Monopolmacht ausreichen muss, um die Preisbewegung des Geldes zu dominiren.

Wenn nun auch an der theoretischen Ausführbarkeit einer solchen Preisregulirung nicht zu zweifeln ist, so geht doch aus dem Studium dieser zweiten Tabelle hervor, dass eine einseitige Regulirung des Geldpreises von der Position "Emission„ allein aus, auf bedeutende, praktische Schwierigkeiten stossen würde. Man fragt sich nämlich, wie der Staat die Riesensummen, welche häufig urplötzlich zum Angriff oder aus Nothwehr dem Markte entzogen werden, ebenso urplötzlich ersetzen könnte?

Der materielle Ersatz bietet ja bei der Papierwährung keine Schwierigkeiten, aber wie will man solche Summen in Circulation bringen, resp. wie will man sie gerade an den Verkehrsstellen unterbringen wo die Drainage stattfand?

Wenn das Geld von verschiedenen Theilen des Landes zurückgezogen wurde, so muss es an denselben Stellen ersetzt werden und eine Berieselung dieser Geldmärkte etwa von einer Centralstelle aus, wäre zu schwerfällig, sie würde zu viel Zeit beanspruchen um einer Baisse rechtzeitig zu begegnen.

Ehe das Geld welches die Transvaaler Abenteurer emittiren, den Preis der Butter in den bairi-

schen Alpen herauftreibt, vergeht Zeit, ehe eine
Preisdifferenz des deutschen Geldes durch Geldzufuhr
aus dem Auslande nivellirt wird, vergeht Zeit und
ehe das von einer Centralstelle etwa emittirte Geld
seine regulirende Wirkung auf entlegene Märkte ausübt, vergeht ebenfalls Zeit. Es ist nicht genug, dass
das Geld, welches die Speculation und die Vorsicht
dem Markt entzieht, ersetzt wird, es muss an den
Stellen ersetzt werden, wo die Waare liegt.

Die Bedürfnisse des modernen Handels verlangen eine sorgfältige, dauernde, rechtzeitige Anpassung
des Geldangebots an den Geldbedarf überall im Lande,
wo sich dieser Geldbedarf zeigt, d. h. überall wo
Waare liegt und diese dauernde, wirksame und rechtzeitige Anpassung des Geldangebots an den Geldbedarf ist mittels der Emission allein praktisch nicht
mit derjenigen Schnelligkeit und Wirksamkeit auszu-
führen, welche die Bedürfnisse des Verkehrs erhei-
schen.

Mit den Emissionsrechten allein wird daher der
Staat seinen Monopolpflichten nur unvollkommen nachkommen können; die Emission ist als Regulator des
Geldpreises nicht empfindlich genug. Wohl können
die hohen, von weither kommenden Wogen auf dem
Geldmarkte durch die Emission abgeschlagen werden
und zwar auf wirksamste Weise, aber die Bildung
kleiner, lokaler Wellen kann sie nicht verhüten. Und
dies genügt nicht. Wir brauchen einen ehernen, festen Geldpreis überall im Lande; der Geldmarkt muss
wie das Meer bei Windstille oelglatt bleiben; wir
müssen dem Staate die Mittel, das Handwerkszeug
geben, welche ihm gestatten den Geldpreis festzuna-
geln. Der Regulator des Geldpreises muss nicht allein
wirksam, sondern auch empfindlich sein.

Woher kommen die Preisschwankungen die heute
oft urplötzlich über das Land ziehen? Die Tabelle
zeigt es. Von der Unregelmässigkeit in der Geldcirculation, von dem Mangel an Circulationskraft des
Geldes, von der Disparität zwischen Waare und Geld,
von dem materiellen, keinen Aufschub gestattenden
Verkaufszwang auf Seite der Waare und dem Man-

gel eines kompensatorischen Verkaufszwanges beim Gelde. Unser Geld wird durch den geringsten Widerstand aus seiner Bahn geworfen. Es fehlt ihm der innere Circulationsdrang den die Waare in so hohem Grade besitzt, es fehlt die nöthige Wucht der Circulation, welche für das Hinderniss-Rennen des modernen Verkehrs unentbehrlich ist.

Hier also sind die Hebel anzusetzen. Die Kraft der Geldcirculation ist zu schwach für die Ansprüche, die wir an dieselbe stellen, desshalb ist sie launenhaft, nachgiebig, nervös. Wir müssen die Circulationskraft des Geldes erhöhen; wir müssen dem Gelde einen inneren Circulationsdrang verleihen, der ausreicht um die Hindernisse zu überwinden, der keine Rücksichten kennt, der sich nicht von persönlichen, politischen, natürlichen und wirthschaftlichen Ereignissen aus seiner Bahn und Richtung ablenken lässt. Die Geldcirculation bedarf einer grösseren Wucht um regelmässig zu sein.

Drum müssen wir das Geld paritätisch mit der Waare machen, wir müssen für den Circulationszwang auf Seiten der Waare einen compensatorischen Circulationszwang auf Seiten des Geldes einführen. Der Druck und Zwang, dem das Angebot unterliegt, muss auch auf die Nachfrage übertragen werden. Circulationszwang des Geldes. Der Staat muss die Aufsicht über die Geldcirculation haben. Aus den Pflichten des Staates den Geldpreis unter allen Umständen aufrecht zu erhalten, muss der Staat das Recht deduciren können diejenigen Massregeln zu ergreifen, die zur Erfüllung seiner Pflichten nöthig sind und dazu ist die Controle der Geldcirculation neben den Emissionsrechten unentbehrlich. Aus der Preistabelle geht dies hervor.

Was ist das Geld? Heraus mit der Sprache! Wer gegen die Forderung eines Circulationszwanges des Geldes aus principiellen Gründen etwas einzuwenden hat, wer diese Forderung als ein Attentat auf das Privateigenthum betrachtet, der beantworte doch die Frage, die ich gleich zu Anfang dieser Untersuchungen stelle und die ich oben wiederholte? Was ist das Geld?

Was ist das Geld anders als ein Verkehrsmittel der Producenten, welches diese im allgemeinen Interesse unter staatliche Verwaltung gestellt haben. Im allgemeinen Interesse. Und muss nun im allgemeinen Interesse diese Verwaltung sich nicht den Bedürfnissen des Verkehrs anpassen? Und decken sich die Bedürfnisse des Verkehrs nicht mit der Festigkeit des Geldpreises? Und stellt die Festigkeit des Geldpreises nicht die Forderung des Circulationszwanges? Ein fester Preis für das Geld kann ja nur von gleichmässiger Circulation des Geldes herrühren und diese gleichmässige Circulation kann wiederum nur von einer Kraft ausgehen, welche ausreicht um die Hindernisse, welche Sonderinteressen der Circulation des Geldes entgegenwerfen, allzeit, in allen Fällen zu überwinden.

Man hat bisher den Preisschwankungen des Geldes nicht die Aufmerksamkeit geschenkt, die sie verdienen. Die Tragweite dieser Preisschwankungen wird immer noch weit unterschätzt; die Beziehungen zwischen Ursache und Wirkung ist bei diesen Preisschwankungen nur verhältnissmässig Wenigen bekannt, drum wird auch die Nothwendigkeit einer solch durchgreifenden Reform, wie sie der geforderte Circulationszwang des Geldes bezweckt, trotz der kaufmännischen Begründung, die wir dieser Forderung gaben, nicht eingesehen werden. Man wird sagen, dass der Zweck das Mittel nicht werth ist.

Sei es mir daher zum Schlusse noch gestattet den Zweck mit einigen Zahlen zu illustriren.

Es ist nicht der Preis der 8 Milliarden Mark, die in Deutschland als baares Geld circuliren, der uns interessiren kann. Denn was bedeuten schliesslich 8 Milliarden Mark baar Geld gegenüber den 163 Milliarden an sonstigem Vermögen, welche an dem Preis des Geldes in Deutschland interessirt sind. *)

---

* Anm. Laut Mulhalls Dic. of St. p. 589 ist in Deutschland das Verhältniss von Geld zu sonstigem Besitz gleich 167 zu 6431.

Der Preis des Geldes erhält seine Wichtigkeit erst durch den Gebrauch desselben als Grundlage der Kapitalgeschäfte, durch die Geldlieferungskontrakte, die in Tausend Formen zu Rechte bestehen.

Denn was sind die Schulden des Staates, der Städte, der Gemeinden und der Privatpersonen anders als Geldlieferungsgeschäfte, Termingeschäfte in Geld? Was sind die Hypothek- und Wechsel-Schulden anders als Geldlieferungskontrakte? Die Mieth-, Pacht-, Lohn-, Versicherungskontrakte etc. laufen auf Termingeschäfte in Geld aus. Alle diese Geschäfte haben das Geld zur Grundlage, sind am Geldpreis auf das Innigste interessirt. Eine Preiserhöhung des Geldes erhöht die Pacht, die Hypothek, die Wechselbeträge, die Schulden des Staats und der Privatpersonen, das Passivum der Kaufleute. Eine Preisdifferenz von wenigen Procenten verursacht eine Verschiebung in den Vermögensverhältnissen von Milliarden und aber Milliarden zu Gunsten der Schuldner, wenn das Geld billig wird, zu Gunsten der Gläubiger, wenn das Geld theuer wird. Bei der heutigen Creditwirthschaft absorbirt häufig eine Erhöhung des Geldpreises von nur 10 $\%$ das Vermögen vieler Kaufleute, insofern als das Activum (Waaren) dem Passivum (Geld) gegenüber um 10 $\%$ sinkt. Und was sind 10 $\%$ bei der heutigen Geldwirthschaft.

Rechne man die Geldtermingeschäfte zusammen, die im Laufe des Jahres zur Abwickelung gelangen und man wird staunen über die Ungeheuerlichkeit der Interessen, die der Geldpreis auf's Spiel setzt.

Laut Mullhall's Dict. of Stat. betragen die Hypothekschulden 58 $\%$ des Gesammt-Immobilienwerthes Englands. In Frankreich betrugen 1876 diese Schulden 13,500 Millionen Mark. Die Häuser Berlins waren 1883 mit 2100 Millionen Mark belastet. Die Staatsschulden Frankreichs betrugen 1883 31,200 Millionen Mark, diejenigen Deutschlands (Reichsschulden allein) 8000 Millionen.

Das Bank-Kapital betrug nach derselben Quelle im Jahre 1888:

20,000 Mill. Mark in den Ver. Sttaaen
18,000   „   „   „ Grossbritannien
4,000   „   „   „ Deutschland

und diese Summen können nur als einen geringen Bruchtheil der Summen betrachtet werden, welche die Wechsel und die sonstigen Handelspapiere vertreten.

Ueber die Beträge, welche die Pacht-, Mieth- und Versicherungskontrakte in die Interessensphäre des Geldpreises ziehen, fehlen statistische Erhebungen, aber wie hoch wir auch hier greifen mögen, eine Gefahr der Ueberschätzung liegt nicht vor. Wie wir die Dauer der Ewigkeit nie überschätzen, so überschätzen wir auch nie die Interessen, die am Geldpreise haften. Die Summen, um die es sich hier handelt, überragen einfach unser Begriffsvermögen.

Es sind Riesenzahlen und man kann sagen, dass nicht allein das gesammte heutige Eigenthum, sondern auch noch dasjenige der künftigen Geschlechter auf der Geldwaage liegt.

Man spricht heute viel vom Preise des Weizens und ereifert sich sogar für die Interessen, die mit diesem Preise verknüpft sind.

Aber was bedeuten diese Fragen gegenüber den Interessen, welche die Gesammtheit an dem Geldpreis haben? Eine geringe Preisschwankung des Geldes wirft ja alle Berechnungen, alle Voraussetzungen über den Haufen.

Die Getreide-Produktion Deutschlands betrug 1887 16 Millionen Tonnen zu 140 Mark gleich 2240 Mill. Mark, und eine Preisschwankung von 10 % im Getreide erzeugt demnach eine Differenz von 224 Mill. Mark.

Unter Zugrundelegung der bereits angeführten Zahlen können wir die sonstigen am Geldpreis interessirten Geschäfte wohl auf das 100fache dieser Summe schätzen und eine Verschiebung im Geldpreis von 10 % erzeugt demnach eine Differenz von 22,400 Millionen (statt 224 Mill.) zu Gunsten der Gläubiger, wenn der Geldpreis steigt, zu Gunsten der Schuldner, wenn der Geldpreis fällt.

Es liegt also kein Grund vor sich mit dem

Splitter zu beschäftigen, so lange der Balken noch im Wege liegt.

Kann man Angesichts solcher Interessen noch sagen, dass der Zweck das Mittel nicht werth ist, dass der Circulationszwang des Geldes eine zu radikale Forderung ist für die Interessen, die für uns der Geldpreis besitzt.

Oh, nein! Jede Reform des Geldes ist gerade radikal genug, wenn es sich drum handelt Währung zu bringen in unsere Währung.

Dabei erwähne ich hier nur die materiellen Interessen der Gläubiger und Schuldner; die viel grösseren Interessen des Verkehrs, des Waarenaustausches, des Handels, der Kapitalbildung, der Arbeit etc. lasse ich hier ganz unberücksichtigt, da dieselben ihres speculativen Charakters wegen nicht in die überzeugende Form einer Zahl gebracht werden können.

III. THEIL.

Die Reform unseres Geldes.

Beschreibung des Reformgeldes.

Es ist uns gelungen die Ursache der Waarenanhäufungen, der Schwerfälligkeit und Kostspieligkeit des Waarenaustausches, der Preisschwankungen, der Speculation, der Wirthschaftskrisen, der chronischen Ueberproduktion an Waaren und Unterproduktion an Kapital, der chronischen Arbeitslosigkeit etc, etc. auf den Umstand zurückzuführen, dass mit Hülfe unseres heutigen Geldes, welches besser ist als wir selbst und unsere Produkte, die Nachfrage verschoben werden kann, während das Angebot, einem natürlichen, materiellen Zwang gehorchend, ununterbrochen auf dem Markte erscheint.

Die Beweisführung war indirekt.

Jetzt wollen wir aber auch den direkten Beweis liefern, dass wenn wir die Disparität zwischen Geld und Waare aufheben, wenn wir das Geld den Waaren assimiliren, wenn wir Geld einführen, dessen einzelne Stücke täglich und auf Kosten der Inhaber im Preise fallen (wie die Waare), welche ohne Verlust nicht vom Markte zurückgezogen werden können (wie die Waaren), welche einem dauernden, natürlichen Verkaufszwang unterstellt sind (wie die Waare) auch ein dauernder Ausgleich zwischen Nachfrage und Angebot auf dem Markte zustandekommt mit allen Nebenwirkungen, die wir von einem solchen Zustande deduciren können.

Und über das „Wie" einer solchen Assimilirung werden wir uns leicht verständigen, wenn wir uns vergegenwärtigen, dass die Waare im Allgemeinen und besonders das Geld nur eine einzige aktive Eigenschaft besitzt, und dass solche aktive Wirkungen, wie wir sie von der geplanten Geldreform erwarten, daher auch nur vom Werthe des Geldes ausgehen können.

Es hätte gar keinen Sinn zur Herstellung der gewünschten Parität die körperlichen Eigenschaften des Geldes — Gewicht, Aussehen, Grösse etc. zu reformiren, da diese ja beim Gelde keine aktive Rolle spielen; eine solche Reform hätte nur dann Zweck, wenn sie als Mittel für die Reform des Geldwerthes dienen könnte.

Also bleibt der Preis der einzige Angriffspunkt am Gelde, wo wir Reformen von aktiver Wirkung anbringen können. Die Assimilirung des Geldes an die Waare muss vom Preise des Geldes ausgehen. Wir müssen Geld einführen dessen Preis, wie derjenige der Waaren, continuirlich einbüsst und zwar auf Kosten des Inhabers.

Aber nun fragt es sich — wie es möglich ist Geld einzuführen, welches täglich im Preise fällt, ohne dass die Festigkeit des Geldpreises im Allgemeinen darunter leidet. Wir sagten doch, dass die Aufrechterhaltung eines festen Preises für das Geld die erste und wichtigste Aufgabe der Geldverwaltung ist und jetzt verlangen wir, dass das Geld um einen festen Geldpreis zu garantiren täglich im Preise fallen soll. Wie können wir diesen Widerspruch lösen? Einfach dadurch, dass wir der theoretischen Unterscheidung zwischen Geld und Geldmaterial, zwischen Wertheinheit und Münze, zwischen Geldprivilegien und seinen Aktien, welche wir gleich zu Anfang unserer Untersuchungen hervorhoben, praktische Anwendung geben.

Wir trennen die Wertheinheit von seinem Träger, das Geldprivileg von seiner Aktie, das Geld von der Münze und greifen letztere an ohne das Geld, das Geldprivileg, die Wertheinheit darum in Mitleidenschaft zu ziehen.

Eine Mark d. R. W. als Wertheinheit wird das bleiben was sie sein soll, aber die Mark als Münze soll zusammen mit der Waare von ihrem Werthe einbüssen.

Wie das einzelne Ei verdirbt und dadurch an Werth verliert ohne dass darum der Preis der Eier im Allgemeinen darunter leidet, so wird auch der geplante

Angriff auf die einzelnen Münzen den Werth des Geldes nicht beeinflussen.

Wenn wir den Verlust, den die Waaren im Laufe eines Jahres durchschnittlich erleiden, auf 5% berechnen, so werden wir zur Herstellung völliger Parität zwischen Geld und Waare das Geld auch 5% seines Werthes einbüssen lassen müssen, so dass Niemand mehr Ursache hat, das Geld der Waare vorzuziehen; so dass Jeder, der für 100 Wertheinheiten Waaren oder Geld kauft, am Ende des Jahres nur mehr 95 Wertheinheiten besitzt.

Nun entspricht ein Verlust von 5% jährlich einem solchen von 1% wöchentlich und dies wäre demnach der Verlust, den wir dem Geldbesitzer zu Gunsten der Staatskasse auferlegen müssen.

Hieraus ergiebt sich dann folgender Text für unser Geld:

Als Kompensation für den bestehenden materiellen Verkaufszwang dem die Waare unterliegt, zur Herstellung völliger Aequivalenz zwischen Waare und Geld und zur Erzwingung einer für unsere Währung unentbehrlichen gleichmässigen Circulation des Geldes, wird dieser

Geldbrief

einem regelmässigen Verluste von 1 ⁰⁰/₀ wöchentlich oder 5.₂ % per Jahr unterworfen werden zu Lasten der jeweiligen Inhaber und zu Gunsten der Staatskasse. Demgemäss wird die Zahlungskraft dieses Briefes betragen am:

Datum	Wertheinheiten		Datum	Wertheinheiten	
1.— 7. Januar	100	—	2.— 8. Juli	97	40
8.—14. »	99	90	9.—15. »	97	30
15.—21. »	99	80	16.—22. »	97	20
22.—28. »	99	70	23.—29. »	97	10
29/₁— 4. Februar	99	60	30/₇— 5. August	97	—
5.—11. »	99	50	6.—12. »	96	90
12.—18. »	99	40	13.—19. »	96	80
19.—25. »	99	30	20.—26. »	96	70
26/₂— 4. März	99	20	27/₈— 2. September	96	60
5.—11. »	99	10	3.— 9. »	96	50
12.—18. »	99	—	10.—16. »	96	40
19.—25. »	98	90	17.—23. »	96	30
26/₃— 1. April	98	80	24.—30. »	96	20
2.— 8. »	98	70	1.— 7. Oktober	96	10
9.—15. »	98	60	8.—14. »	96	—
16.—22. »	98	50	15.—21. »	95	90
23.—29. »	98	40	22.—28. »	95	80
30/₄— 6. Mai	98	30	29/₁₀— 4. November	95	70
7.—13. »	98	20	5.—11. »	95	60
14.—20. »	98	10	12.—18. »	95	50
21.—27. »	98	—	19.—25. »	95	40
28/₅— 4. Juni	97	90	26/₁₁— 2. Dezember	95	30
5.—11. »	97	80	3.— 9. »	95	20
12.—18. »	97	70	10.—16. »	95	10
19.—25. »	97	60	17.—23. »	95	—
26/₆— 1. Juli	97	50	24.—30. »	94	90

Streichen wir in diesem Geldbrief die letzte Ziffer oder rücken wir das Komma eine, resp. zwei Stellen nach vorn, so erhalten wir die Formel für das mittlere und kleine Geld.

Mark 10.00   9.99 — 9.98 — 9.97 u. s. w.
oder $_n$ 1.000   0.999   0.998   0.997 — $_n$ —

Für das kleinste Geld, also Bruchtheile einer Wertheinheit könnte man der Geringfügigkeit der in Betracht kommenden Beträge wegen Geldbriefe mit festem Werthe einführen; aber auch dieses Geld bedarf des Circulationszwanges um der Gefahr eines durch Contraction verursachten Mangels an solchem Gelde zu begegnen. Andererseits wäre es oft lästig mit Bruchtheilen von Pfennigen die täglichen kleinen und kleinsten Einkäufe zu bezahlen. Diesen Circulationszwang, bei gleichzeitigem unveränderlichem nominellem Werthe können wir aber für dies Kleingeld dadurch erzielen, dass wir dasselbe in etwa 10 Serien, von verschiedenen Farben eintheilen und von diesen alle Jahre eine Serie an einem durch das Loos bestimmten Tage auf Kosten der Inhaber ausser Kurs setzen, resp. vernichten. Der Verlust, der dadurch die Inhaber treffen würde, könnte niemals gross sein, würde aber genügen um die erwünschte Zwangscirculation herbeizuführen. Jedermann würde um die Gefahr des Verlustes möglichst zu vermindern auch das Kleingeld zu veräussern suchen, wodurch dann auch der Markt reichlich mit diesem Gelde versehen sein würde.

Die Formel für dies kleinste Geld wäre demnach folgende:

> →⟦ Serie 5. ⟧← **Kleingeld** →⟦ Grün. ⟧←
>
> Die Zahlungskraft dieses Geldbriefes wird während der ganzen Dauer des Jahres
>
> **0.05** (oder 0.10, 0.20) **Wertheinheiten**
>
> betragen.
>
> Alle Jahre wird jedoch an einem durch das Loos bestimmten Tage eine der 10 Serien dieses Kleingeldes, unverhofft für Jedermann, ausser Kurs gesetzt werden, ohne dass die jeweiligen Inhaber Ansprüche auf Entschädigung erheben können.
>
> Im Interesse eines Jeden wird es daher sein dies Geld nicht anzuhäufen, sondern dasselbe möglichst schnell immer wieder zu Markte zu tragen.

Anm. Die Zahlung einer Summe von M. 2437.40 würde demnach die Heranziehung folgender Zahlungsmittel benöthigen, wenn diese Zahlung z. B. am 10. November erfolgt:

```
    25 Briefe à 95.60   — W. 2390.—
     4    »    à  9.56  —       38.24
     9    »    à  0.956 —        8.60
     Kleingeld                   0.56
                              ─────────
                               2437.40
```

Dies wäre also die in die Praxis übertragene Unterscheidung zwischen Geld und Münze; zwischen der Wertheinheit und seinem materiellen Traeger; der Angriff auf die Münze unter Schonung des Geldes; die Entwerthung der Münze unter Aufrechterhaltung der Währung; die Lösung eines scheinbar unlösbaren Widerspruches.

Von diesem Gelde erwarten wir die Zwangscirculation mit welcher wir Währung in die Währung bringen wollen, welche die gesuchte unentbehrliche Parität zwischen Geld und Waare bringen soll und von welcher wir eine radicale Reform des gesammten Produktenaustausches deduciren können.

Und wer kann nach kurzer Betrachtung dieses
Geldes noch zweifeln, dass wir damit die Zwangscirculation erreichen, dass dies Geld ohne Rücksicht auf
persönliche, wirthschaftliche, oder politische Ereignisse
circuliren wird, circuliren muss? Wer wird denn dies
Geld noch als Vertheidigungs- oder Angriffsmittel
dem Verkehr entziehen können? Wird dies Geld der
orientalischen Frage wegen noch den Markt verlassen? Wird unter der Herrschaft dieses Geldes noch
eine Krisis ausbrechen können, wird man mit solchem
Gelde in der Tasche noch die Nachfrage nach Belieben und Gutdünken auf andere Zeiten verschieben
können?

Wird unter der Herrschaft dieses Geldes die
Nachfrage nicht dem Angebot entgegeneilen, wird
mit solchem Gelde als Tauschvermittler nicht endlich
die chronische Waarenüberproduktion beseitigt, wird
damit kein dauernder Ausgleich zwischen Nachfrage
und Angebot erzielt werden?

Erläuterungen über die praktische Durchführbarkeit dieser Reform

Vorbedingung jeder Reform und zugleich auch wieder ein Beweis für die Gesundheit der Theorien, welche die Reform begründen, ist der Nachweis ihrer praktischen Ausführbarkeit, und bevor wir daran gehen die Folgen der Reform zu besprechen wollen wir daher diesen Beweis liefern. Wir werden zu beweisen haben:
1) dass dieses Geld einführbar ist; d. h. dass dessen Einführung nicht am Widerstande privater Interessen scheitern wird.
2) dass dessen Preis vor Schwankungen gesichert ist, resp. gesichert werden kann.
3) dass es kursfähig ist, d. h. dass es handlich, bequem, transportfähig, übertragbar, theilbar etc.

Die Beweisführung wird nicht schwer sein.

Wie wird also der Staat dieses Geld in Circulation setzen, resp. erhalten? Ist nicht Gefahr vorhanden, dass die Annahme dieses Geldes einfach verweigert wird, dass die natürliche Impositionskraft dieses Geldes nicht ausreichen wird um die Hindernisse zu überwinden, welche interessirte Privatpersonen seiner Einführung entgegen setzen werden?

Naive Fragen; Kindliche Furcht!

Wie will denn im Ernste ein Privatmann der Impositionskraft des staatlichen Geldmonopols Widerstand leisten? Ist nicht die staatliche Verwaltung des Geldmonopols unentbehrlich und ist nicht das Geld die wichtigste, nothwendigste aller Waaren? Wie will denn heute Jemand ohne Geld auskommen; wie will Jemand seine Produkte ohne Vermittelung des Geldes absetzen? Der einzige Widerstand, der der

Einführung dieses Reformgeldes entgegengestellt werden könnte, wäre der Widerstand der Producenten, die sich weigern könnten ihre Produkte gegen solches Geld zu verkaufen. Einen anderen Widerstand als diesen giebt es nicht, kann es unmöglich geben und diesen Widerstand zu brechen übernimmt die Waare selber. Der Producent muss bei Strafe des Verlustes seiner Waaren die Waaren verkaufen und diesen Verkauf kann nur das Geld vermitteln. Die Impositionskraft des Geldes wurzelt also in der Waare.

Die Unentbehrlichkeit des Geldes für die Producenten und die eiserne Nothwendigkeit staatlicher Verwaltung des Geldes giebt dem vom Staate ausgegebenen Gelde natürlichen Kurszwang, eine, jedes Hinderniss überwindende, Impositionskraft.

Ausserdem ist es ja auch heute nicht möglich zu reisen, einen Brief, ein Telegramm, ein Frachtgut zu befördern ohne vorher Geld und zwar staatliches, kursfähiges Geld zu kaufen. Die Steuern müssen auch mit kursfähigem Gelde entrichtet werden. Vom Staate als Eigner grosser Waldbestände muss man das zur Küche nöthige Holz mit kursfähigem Gelde kaufen; die Strassen, Brücken und Wege gehören auch dem Staate. Das Gerichtswesen, das Schulwesen, selbst der geschäftliche Theil der Religionen wird vom Staate verwaltet, und wer heute Salz für sein Brod gebraucht, Waaren aus dem Auslande kaufen will, der muss dies Brod und diese Waaren an den Staatskassen mit kursfähigem Gelde versteuern. Kurzum es ist nicht möglich im heutigen Staate zu leben, sich zu bewegen, sich zu drehen, ohne irgendwo an den Staatsbetrieb anzustossen, ohne in die Tasche nach staatlichem kursfähigem Gelde greifen zu müssen.

Man sieht, wie sich dem Kurszwang des staatlichen Geldes, der aus der Eigenschaft der Waare und aus der eisernen Unentbehrlichkeit des Geldmonopols erwächst, jetzt noch der materielle Zwangskurs zugesellt, den das Uebergewicht der staatlichen Geschäftsbetriebe mit sich bringt.

Die Impositionskraft des staatlichen Geldes kennt keinen Widerstand, und wenn wir dies Geld aus glühenden Kohlen herstellen, es würde gekauft werden, es würde kursiren, es würde sich Allen imponiren. Waren denn die Assignaten etwas anders als glühende Kohlen; wusste nicht Jeder, dass er sich die Finger daran verbrennen würde und trotzdem kursirten sie? Trotzdem bestand Nachfrage für dies Geld, trotzdem suchte der Bauer seine Kartoffeln gegen diese glühenden Kohlen zu verkaufen. Was blieb dem Producenten anders übrig? Er stand ja vor der Alternative seine Produkte verfaulen zu lassen oder aber die Assignaten anzunehmen.

Vor solchen Thatsachen muss daher jede Sorge um die Kursfähigkeit, jeder Zweifel an die Impositionskraft des einzuführenden Reformgeldes verschwinden.

Für dieses, wie für jedes vom Staate in Umlauf gesetzte Geld besteht ein natürlicher Zwangskurs, der sich auf die zwingende Macht natürlicher, materieller Verhältnisse stützt.

In Betreff der Frage wie die nöthige Festigkeit im Preise dieses Geldes erzielt wird, brauchen wir zur Antwort nur darauf hinzuweisen, dass der Preis jeder Waare fest ist und fest bleibt, so lange sich Nachfrage und Angebot ausgleichen und dass — den nöthigen Willen vorausgesetzt — die Papierwährung dem Staate die Mittel in Hülle und Fülle zur Verfügung stellt um diesen Ausgleich auf dem Geldmarkt zu jeder Zeit herbeizuführen.

Hat der Staat zu wenig Geld ausgegeben so nimmt auf dem Markt die Nachfrage ab und die Waarenpreise fallen (resp. der Geldpreis steigt.) Durch Ausgabe von Geld wird dem Uebelstande abgeholfen.

Ist zu viel Geld im Verkehr, so steigen die Waarenpreise (resp. der Geldpreis fällt) und durch Zurücknahme von Geld werden die Preise wieder auf ihr normales Niveau zurückgebracht.

Und hier muss gleich bemerkt werden, dass der persönliche, sichere, unabwendbare Verlust, der mit dem Besitz des Reformgeldes untrennbar verbunden ist, die gesammte Geldmasse des Landes in ununterbrochener, gleichmässiger, schneller Circulation erhalten wird, dass das Reformgeld stets die von den existirenden Handelseinrichtungen begrenzte Maximalschnelligkeit beibehalten wird, unbekümmert um wirthschaftliche, persönliche, politische Ereignisse und dass dieser Umstand der Preisregulirung durch die Emission die denkbar höchste Empfindlichkeit verleihen wird. Ansammlungen von Geld, Reserven die im Falle günstiger Conjuncturen einspringen, oder günstige Conjuncturen erzwingend sich in den Hinterhalt stellen (Speculation) und dadurch die Wirksamkeit der staatlichen Regulirung des Geldpreises mittels der Emission zur Illusion machen — können mit der Einführung des Reformgeldes nicht mehr existiren. Die Zwangscirculation des Reformgeldes gestattet nicht die Anhäufung von Geldmassen, mit centrifugaler Kraft wirft sie das Geld aus den Banken, Schatzkammern, Sparbüchsen stets wieder auf den Markt zurück.

Je schneller der Regulator einer Maschine sich dreht, desto empfindlicher wird er. Je schneller ein Schiff fährt, desto besser gehorcht es dem Steuerrad. Und ähnlich verhält es sich mit der Regulirung des Geldpreises. Je schneller dasselbe circulirt, je grösser die Regelmässigkeit seiner Circulation, desto leichter wird es sein, seinem Preise die gewünschte Richtung zu geben. Jede private Einmischung in die Preisbewegung des Geldes wird durch die Zwangscirculation, durch die Beseitigung aller Privat- Geldreserven unmöglich gemacht. Das Geld wird durch Niemand und aus keinerlei Rücksichten aus seiner Bahn gedrängt werden können; es erzwingt sich freie Bahn; zersprengt die eisernen Kasten der Banken, überwindet mit elementarer Gewalt jedes Hinderniss und sein Preis wird dadurch ganz dem Willen des Staates überantwortet werden. D. h. durch die Zwangscirculation wird das Geld den Zügeln folgen müssen, welche die Emissionsrechte dem Staate in die Hand legen.

Ist unter solchen Umständen noch ein Zweifel an die Währungsfähigkeit des Reformgeldes berechtigt? Muss nicht Jeder zugeben, dass der Preis des Reformgeldes dem Willen des Staates, der Wirksamkeit der staatlichen Machtmittel am Schnürchen wird gehorchen müssen?

Nun bleibt noch die Frage zu beantworten, ob das Reformgeld für den Verkehr nicht zu unbequem sein wird; ob es genügend handlich, transportfähig und leicht übertragbar ist für den täglichen Verkehr. Diese Frage ist zwar den anderen vorangehenden Fragen gegenüber bedeutungslos, insofern als ja der Schwerpunkt aller Währungsfragen im Preise des Geldes, und nicht in seiner äusseren Form liegt, aber das Geld ist für den Verkehr von so gewaltiger Bedeutung, dass selbst solche untergeordnete Fragen eine Besprechung verdienen.

Warum wäre dies Reformgeld unbequem? Weil es keine runden Summen mehr repraesentirt, weil man die Zahlungskraft des Geldes unter Berücksichtigung des Kalenders stets von Neuem feststellen muss?

Oh! wie müssen wir doch blind sein, dass wir das Nächststehende nicht sehen!

Woher kommen denn die runden Summen welche heute für die meisten Waarenpreise ausgeworfen werden? Warum kostet denn ein Hut heute 6 Mark, warum kostet er nicht 5,80 oder 5,90? Nicht weil die Rechnung des Kaufmanns mit Vorliebe runde Summen ergiebt, sondern einfach weil die Waarenpreise den Zahlungsmitteln gewaltsam angepasst werden. Unser Geld ist für die Zahlung runder Summen eingerichtet und unseren Zahlungsmitteln werden die Preise angepasst. Einleuchtend aber ist es, dass das Umgekehrte der Fall sein müsste, resp. dass die Zahlungsmittel sich den Preisen anzupassen hätten.

Das Reformgeld wird für runde Summen nicht mehr Vorliebe haben, als wie solche die kaufmännische Berechnung der Waaren besitzt, und die Preise werden daher ohne Rücksicht auf die Zahlungsmittel genau so ausgeworfen werden, wie sie sich nach Maassgabe der Calculation ergeben. Der Preis des Hutes wird also mit 5.80 oder 5.93, nicht mehr auf 6,00 abgerundet, ausgeworfen werden.

Anm. Dass dies ein Vortheil ist, zumal für Leute, deren Produkte nach Pfennigen berechnet werden, ist klar und dass das heutige auf runde Summe eingerichtete Geld für viele Leute eine Vertheuerung der Waaren verursacht, erkennt man schon an der Klage, die auf dem Lande, hauptsächlich in Bayern, über den Mangel an $^1/_2$ Pfg. Münzen geführt wird. Die Anpassung der Preise an die Zahlungsmittel beschränkt sich aber nicht auf Abrundung $^1/_2$ Pfg. aufwärts auf ganze Pfg., sondern beträgt häufig erkleckliche Summen.

Man bemängelt am Reformgeld die Unbequemlichkeit, die Zahlungskraft desselben stets von Neuem feststellen zu müssen. Ganz recht; aber muss nicht auch der Preis der Waare durch Wiegen, Messen, Abschätzen stets von Neuem festgestellt werden? Ist nicht die Bequemlichkeit, welche die Geldeigner heute geniessen, ein Privileg? Ist dieses Privileg nicht etwas werth, und hebt nicht der Werth dieses Privilegs nothwendigerweise die Parität und Aequivalenz zwischen Waare und Geld auf? Der kleine Nachtheil der Unbequemlichkeit des Reformgeldes wird also durch Vortheile höherer Ordnung ausgeglichen, denn wenn der Verkäufer den Werth der Waare immer wieder feststellen muss, so verlangt die Aequivalenz, dass auch der Käufer sich der gleichen Unbequemlichkeit zu unterziehen habe. Wie der geringste Vorzug oder Nachtheil einer Waare den Preis beeinflusst, so muss auch jeder und noch so kleine Vortheil, den der Geldbesitzer geniesst, den Preis des Geldes beeinflussen.

Anm. In den Händen freigiebiger Personen wird dieser Vortheil meistens nicht ausgebeutet werden, aber bei kleinlichen Seelen, Wucherern und sonstigen Leuten, die ihren Vortheil wahrzunehmen wissen, spielt dieser Umstand ganz gewiss eine Rolle. Wie würde es sich sonst erklären, dass einzelne Personen stets billiger kaufen als andere? Den Mangel völliger Aequivalenz zwischen Waare und Geld erkennt man übrigens an der Verschiedenheit des Benehmens der Kaufleute. Käufer und Verkäufer, dem Geld und der Waare gegenüber. Dem Käufer gegenüber zuvorkommend, höflich, oft sogar unterwürfig; dem Verkäufer gegenüber hochmüthig, grob. Dies zeigt, dass im Gelde Eigenschaften stecken müssen, welche selbst durch Preisdifferenzen nicht immer ausgeglichen werden können. Der Verkäufer weiss sich dem Käufer, (die Waare dem Gelde) gegenüber im Nachtheil und da er diesen Nachtheil durch keine Preisdifferenzen nivelliren kann, wirft er hier Höflichkeit, dort die Grobheit als Zugabe auf die Waage.

Kein Geld ist so handlich, keins so leicht zu transportiren, wie das Papiergeld, keins ist so schwer zu fälschen. Es entfällt nicht, wie das Gold, der Hand, es zerreisst die Hosentaschen nicht und geht nicht leicht verloren. Fällt es zu Boden, so rollt es nicht weiter und seiner schärferen Flächenabgrenzung und grelleren Farbenabtönung wegen ist es immer leicht am Boden zu finden. Und geht es wirklich verloren, so gewinnt der Staat. was der Privatmann verliert — die Gesammtheit, das Nationalvermögen erleidet dadurch nicht wie beim Golde einen Verlust. Das verloren gegangene Geld kann ohne nennenswerthe Unkosten ersetzt werden, während beim Golde der Verlust genau dem Werthe des Geldes entspricht.

Das Abzählen von Papiergeld geht schnell und sicher von Statten; es kann leicht zu Bündeln für den Transport zusammengelegt werden, mit grossen Summen in der Tasche kann man ohne Belästigung sich bewegen. Es lässt sich auch per Brief befördern. Es ist bis ins Unendliche, wie die Zahlen selbst theilbar, und es wird nicht mehr nöthig, mineralogische Kabinette in der Tasche mit sich herumzuschleppen. Während wir heute für kleinstes Geld Kupfer, für etwas grösseres Nickel, dann Silber, Gold und schliesslich Papier als Zahlungsmittel heranziehen müssen, werden wir statt solchen Gemisches nur einfach Papier gebrauchen.

Kurzum das Papiergeld ist in jeder Beziehung dem Metallgelde überlegen. Und es ist erklärlich. Ist nicht der Preis des Geldes die einzige Eigenschaft desselben, welche zum Kaufe reizt; sind nicht alle übrigen Eigenschaften des Geldes lästiger Ballast und nähert sich das Papiergeld nicht von allen Geldsorten am Meisten dem Ideal, d. h. dem ballastfreien, körperlosen Gelde? Das Geld braucht die Körperform ja nur um übertrag- und sichtbar zu sein und je weniger es neben dieser Eigenschaft andere besitzt, umso besser ist das Geld. Deshalb ist das Papiergeld das dem unerreichbaren Ideal am nächsten stehende Geld.

Die Liquidation unseres heutigen Geldes.

Der Nachweis, dass das Reformgeld kurs- und währungsfähig ist, dass keine Erwägung praktischer Ordnung seiner Einführung sich entgegenstellt, bringt nun die Frage aufs Tapet, wie sich die Liquidation unseres heutigen Geldes gestalten würde. Es steht fest und wir brauchen darüber kein Wort mehr zu verlieren, dass die eigentliche, wirksame Garantie für den Werth des Geldes in dem Bedarf an Geld liegt, den die Waaren und in letzter Instanz die Besitz- und Arbeitstheilung erzeugen. Das Material des Geldes ist als Garantie für seinen Werth ohne Belang, da dies Material den Bedarf an Geld nicht beeinflusst, noch beeinflussen kann. Eine spezielle Garantie für den Werth des Geldes ist somit völlig überflüssig. Auf der Erkenntniss dieses Sachverhaltes beruht die Anerkennung der Möglichkeit einer reinen, unfundirten Papierwährung. Und auf die weitere Erkenntniss, dass nur durch scharfe Anpassung des Geldangebots an den Geldbedarf eine Währung erzielt werden kann, und dass eine solche Anpassung nur mit der Papierwährung möglich ist, stützt sich jetzt unsere Forderung, die Metallwährung durch die Papierwährung zu ersetzen. Die reine, unfundirte, nur durch den, von der Besitz- und Arbeitstheilung erzeugten Bedarf an Geld, garantirte Papierwährung.

Der Staat erlässt also ein Gesetz nach welchem das Metallgeld ausser Kurs gesetzt wird und Jedem freigestellt wird die metallenen Münzen entweder als Metall anderweitig zu verwerthen oder sie zum nominellen Werth gegen Papiergeld zu wechseln. Das Recht, das Metallgeld gegen Papiergeld wechseln zu können, verfällt nach einem bestimmten Termin; von da ab sind die Münzen wirkliche Metallbarren im Sinne Chevalier's. Manche werden Zweifel hegen über die Werthbeständigkeit des vom Staate ausgegebenen Papiergeldes und deshalb vorziehen das Metallgeld zu exportiren; manche werden zwar auch diese Zweifel hegen, aber nicht wissend, wie sie das exportirte Geld im Auslande anlegen könnten, werden sie das heimische Papiergeld vorziehen; die grosse Masse aber wird überhaupt froh sein, wenn man ihr gestattet das entmünzte Metall gegen kursfähiges Geld zum Austausch ihrer Produkte zu wechseln und nicht viel und lange fragen, denn der Verkauf der Produkte drängt. Und worauf es beim Gelde ankommt, das ist ja nicht der Anklang, den dasselbe beim Banquier findet, sondern bei der Waare, resp. beim Producenten. Es genügt vollauf, wenn die Producenten das Geld kaufen und dafür, dass sie das vom Staate ausgegebene, allein kursfähige Geld, ohne Fragen, ohne Anstand, ja ohne Besinnen mit ihren Produkten kaufen werden, kaufen müssen, sorgen schon die Waaren. Der Bien muss, heisst es da.

Die Hauptmasse des kursirenden Metallgeldes wird also gegen Papiergeld gewechselt werden müssen, wodurch der Staat kostenlos in den Besitz dieser Metallmasse gelangt.

Anm. Wie aus der nachfolgenden Liquidation unseres Geldes ersichtlich ist, wäre es für den Staat allerdings vortheilhafter, wenn das gesammte Metallgeld exportirt würde, wenn alle Geldbesitzer das Gold exportiren wollten, denn der Staat würde in diesem Falle das Papiergeld durch Ankauf solcher Werthe in Umlauf setzen, die wie z. B. Staatsschulden-Titel, ausländische Bankwechsel etc. ohne Weiteres zur Regulirung des Geldpreises dienen können. An dem Golde kann der Staat nur verlieren.

Dieses Metall wird eingeschmolzen und verkauft und der Erlös in Titeln der Reichsschuld oder in ausländischen Bankwechseln angelegt.

Zur Berechnung der auf diese Weise dem Staate durch die Liquidation unseres Metallgeldes zur Verfügung gestellten Mittel sind aber folgende Umstände zu Rathe zu ziehen:

1) Wird durch die Zwangscirculation des Reformgeldes die Geldcirculation beschleunigt werden und da eine Beschleunigung der Geldcirculation einer Vermehrung des Geldes in der Praxis gleichkommt, so wird der Staat gleich von vornherein und zur Verhinderung einer Entwerthung des ausgegebenen Papiergeldes einen bedeutenden Theil desselben einziehen müssen.

Die Liquidation unseres heutigen Geldes

2) Wird der Metallverkauf der eingezogenen Münzen in Folge Entwerthung desselben (wie s. Zt. das Silber) nur einen Theil des dafür ausgegebenen Papiergeldes eintragen.

Berechnen wir diesen vom Staate einzuziehenden Ueberschuss an Papiergeld und den Verlust am Metallverkauf auf $1/3$ resp. $2/3$ der in Betracht kommenden Summen, so gestaltet sich die Liquidation des heutigen Metallgeldes wie folgt:

Soll. Der gesammte heutige Geldbestand, der nach Mullhall's Dict. of Stat. in Deutschland beträgt:

```
    Gold....    2440 Millionen
    Silber....   900      „        3340 Mil. Mk.
    Papier..............   1420   „    „
                  Soll    4760   „    „
```

Haben. Ausgabe von Papiergeld im gleichen Betrage...................... 4760   „   „
Erlös aus dem Metallverkauf 3340   „   „
                                    8100 Mil. Mk.

Hiervon ab:
Einzug eines Drittels des ausgegebenen Papiergeldes wegen der durch die Zwangscirculation beschleunigten Circulationsgeschwindigkeit 1586
$1/3$ Verlust an dem Goldverkauf............ 813
$2/3$ Verlust an dem Silberverkauf............ 600 2999 Mil. Mk.
                          Haben   5101 Mil. Mk.

```
    Haben....  5101
    Soll......  4760
```
Ueberschuss 341 Millionen Mark.

Die Liquidation würde also einen beträchtlichen Ueberschuss ergeben, sogar den für die Liquidation denkbar ungünstigsten Fall angenommen, dass sämmtliches Metallgeld den Staatskassen zum Tausch gegen Papiergeld zugeführt würde.

Aber es ist anzunehmen, dass Mancher aus Misstrauen gegen die Papierwirthschaft vorziehen wird, sein Geld (Gold) zu exportiren, möglich sogar, dass Viele das thun werden. Um so besser für die Staatskasse, denn dann würde der Verlust an dem Metallverkauf entsprechend kleiner sein.

Nehmen wir an, die Hälfte des heutigen Goldbestandes würde aus Misstrauen gegen die Währungsfähigkeit des Papiergeldes exportirt werden, so würde sich die Liquidation wie folgt gestalten:

Soll: Der gesammte Geldbestand ... 4760 Mil. Mk.
    Hiervon ab:
        Export von Gold durch Private. Die Hälfte des Bestandes von 2440 Mil. .... 1220 „ „
                      Soll   3540 Mil. Mk.

Haben: Ausgabe von Papiergeld im gleichen Betrage des ursprünglichen Geldbestandes .... 4760 Mil. Mk.
        Erlös aus dem Metallverkauf der zum Tausch gegen Papiergeld eingebrachten Münzen Gold.... 1220 Millionen
        Silber...   900 „   3120 „ „
                                  6880 Mil. Mk.

    Hiervon ab:
        Einzug eines Drittels der ursprünglichen Papier-Ausgabe .... 1586 Millionen
    $^1/_3$ Verlust am Goldverkauf. 406 „
    $^2/_3$ Verlust am Silberverkauf 600 „
                                  2592 Mil. Mk.
                   Haben 2488 Mil. Mk.

Haben.... 4288
Soll 3540
Ueberschuss 748 Millionen Mark.

Die Liquidation würde somit umso besser ausfallen, je weniger von dem heutigen Gelde den Staatskassen zum Tausch gegen Papiergeld vorgezeigt würde und es ist erklärlich. Das entmünzte, ausser Kurs gesetzte Geld muss durch Papiergeld in gleicher Menge ersetzt werden, da sonst wegen Geldmangel die Waaren-Preise sinken würden. Der Staat setzt zunächst dieses Papiergeld durch Einzug des Metallgeldes in Circulation. Wird ihm aber kein Metallgeld zum Tausch vorgezeigt, so kann der Staat das Papiergeld durch Einzug von Staatsschuldentiteln und anderen Werthen, deren Verkauf keine Verluste bringt, in Circulation setzen. Bedingung für die Liquidation unseres Geldes ist es also nicht, dass die Eigner des Metallgeldes dieses gegen Papiergeld wechseln — im Gegentheil je weniger von dieser Befugniss Gebrauch gemacht wird, umso besser für die Liquidation.

Störungen für den Verkehr durch den Uebergang zur Papierwährung sind nicht zu befürchten, da ja nur die Münze nicht die Wertheinheit; nur die Form, nicht das Wesen; das Material, nicht das Geld, von der Reform berührt wird. Ein Uebergangsstadium giebt es für diese Reform nicht; Störungen wie sie die deutsche Münzreform vom Jahre 1872 mit sich brachte, sind hier gänzlich ausgeschlossen. Es wird nach wie vor nach Mark gerechnet werden und wenn die Mark in Bezug auf Währung heute Anlass zur Klage giebt, so werden diese Klagen mit der Reform verstummen.

Die Liquidation kann also jeden Tag bewerkstelligt werden.

Die Regulirung des Geldpreises.

Das Papiergeld ist durch die Besitz- und Arbeitstheilung garantirt, denn die Arbeitstheilung erzeugt einen continuirlichen Bedarf an Geld, der nur mit kursfähigem, staatlichem Gelde gedeckt werden kann. Das Papiergeld braucht keine spezielle Garantie; denn eine bessere Garantie als sie die Besitz- und Arbeitstheilung, die Quelle aller Werthe, bietet, giebt es nicht und kann es unmöglich geben.

Was wir aber neben dieser natürlichen Garantie des Papiergeldes brauchen, das ist eine gesunde, verständige, kaufmännische Verwaltung des staatlichen Geldmonopols, denn ohne dieselbe kann selbst diese natürliche, solide Garantie ihre Wirksamkeit nicht behalten.

Zu dieser kaufmännischen, soliden Verwaltung des Geldes gehört in erster Linie die Bildung genügender Reserven an Werthen aller Art, um jeden sich zeigenden Geldüberschuss zu allen Zeiten sofort vom Markte zurückziehen zu können, denn wie wir gezeigt haben, kann nur von einer ständigen, sorgfältigen Anpassung des Geldangebots an den Geldbedarf Währung von unserer Währung erwartet werden.

Unsere Aufgabe wird es also jetzt sein zu beweisen, dass mit der Einführung des Reformgeldes dem Staate auch die zur Regulirung des Geldpreises nöthigen Mittel zur Verfügung stehen werden.

Unsere Liquidationsrechnung ergab einen Ueberschuss von 341 resp. 748 Millionen Mark, der der Monopolverwaltung des Geldes in Börsenpapieren bester Qualität zur Verfügung steht.

In Umlauf wurden gesetzt .... 4750 Mil. Mk.
Davon $1/3$ bereits zurückgezogen 1587 „ „
Demnach verbleiben im Umlauf 3173 Mil. Mk.

Die der Monopolverwaltung aus der Liquidation zur Verfügung stehenden Mittel betragen somit 10 resp. 23 % der umlaufenden Geldmasse. Die Monopolverwaltung wäre also gleich von vornherein in der Lage mit eigenen Mitteln durch Ankauf von Geld einer Entwerthung desselben bis zur Höhe von 10 resp. 23% entgegenzuwirken.

Nun treten aber zu dieser einmaligen Einnahme noch solche, die jährlich wiederkehren und womit im Laufe weniger Jahre, falls es die Vorsicht fordern sollte, Riesensummen an Reserven gebildet werden könnten.

Das in Umlauf befindliche Reformgeld nimmt ja jährlich um $5{,}_2$% auf Kosten der Inhaber an Werth ab, und dieser Abgang muss jährlich ersetzt werden. Der Monopolverwaltung erwächst daher aus jenem Werthverlust eine regelmässige Einnahme von $5{,}_2$% der gesammten in Umlauf befindlichen Geldmasse.

Mit dem Wachsthum der Bevölkerung und mit der Ausdehnung der Besitz- und Arbeitstheilung wächst auch der Bedarf an Geld im gleichen Verhältniss und dieser Mehrbedarf muss durch eine entsprechende Vermehrung der Emission gedeckt werden. Diesen Mehrbedarf an Geld können wir unter Zugrundelegung der jährlichen Bevölkerungszunahme auf reichlich 1 % bemessen.

Der Ertrag der Liquidation unseres heutigen Geldes, in Werthpapieren angelegt, bringt Zinsen ein, welche zu 3 % berechnet, jährlich 10 resp. 22 Millionen einbringen würden.

Hierzu kommt noch der Ersatz des in Feuersbrünsten und anderen Gelegenheiten in der Circulation verloren gehenden Geldes, eine Summe, die sicherlich nicht klein ist, welche wir aber, da für deren Berechnung jeder Anhaltspunkt fehlt, ganz ausser Betracht lassen wollen.

Die jährlichen Einnahmen der Monopolverwaltung würden also betragen:

1) Ersatz des Werthverlustes des
Reformgeldes 5.2 % von 3173 Mill.... 165 Mil. Mk.
2) Jährliche Vermehrung des Geldbestandes entsprechend der jährlichen
Bevölkerungszunahme 1 % von 3173
Millionen .... 31 „ „
3) Zinsen des Liquidationsfonds
von 341 (resp. 748) Mil. á 3%....... 10 „ „
4) Ersatz des zerstörten oder verloren gegangenen Geldes............ —
                                      ─────────
                                      206 Mil. Mk.

Das wären also die Mittel, welche das Geldmonopol dem Staat jährlich zur Verfügung stellen würde und womit dieser den Pflichten, die ihm das Monopol auferlegt, nachzukommen hätte.

Aber nun frage ich, woher könnten (die Zwangscirculation vorausgesetzt) die Preisschwankungen des Geldes kommen, welche die Bildung solcher Reserven nöthig machen?

Wie kann das Geld noch im Preise schwanken, wenn die gesammte Geldmasse des Landes, einem stetigen gleichmässigen Drucke nachgebend, in gleichmässiger, niemals stockender Circulation erhalten wird? Heute, wo das Geld wie ein steuerloses Fahrzeug, als Spielball gemachter oder zufälliger Conjuncturen, bald schneller, bald langsamer, bald gar nicht circulirt, wo zuweilen in den Banken kein Heller zu finden ist, zuweilen aber alle Kassen voll sind, würden solche Reserven in den Händen des Staates vielleicht gute Dienste leisten können, aber mit der Zwangscirculation werden dieselben gänzlich überflüssig. Es kann ja Niemand mehr das Geld dem Verkehr, ohne einen empfindlichen Verlust zu erleiden, entziehen. Die gesammte vom Staate ausgegebene Geldmasse liegt jahraus, jahrein, in guten wie in schlechten Zeiten auf dem Markte. Waarenansammlungen, in Folge mangelnder Nachfrage können nicht mehr vorkommen und der Bedarf an Geld wird in Folge gleichmässigen Abflusses der Waaren drum auch stets gleichmässig sein, während das Angebot von Geld infolge der Zwangscirculation ebenfalls stets gleichmässig sein wird. Ein fester Geldpreis ist drum unausbleiblich. Andererseits hat aber ein fester Geldpreis wiederum Gleichmässigkeit in der Abwickelung der Creditgeschäfte zur Folge, wodurch wiederum Störungen in dem Geldbedarf vermieden werden.

D. h. durch die Wechselwirkung, welche die Festigkeit des Geldpreises auf die Gleichmässigkeit des Geldbedarfes ausübt, werden an sich schon Preisschwankungen unmöglich. (Siehe die Tabelle II. der Preisfactoren.)

Die Reserven, die wir zur Verhütung von Preisschwankungen machen wollen, werden daher wohl selten oder niemals Gelegenheit haben in Dienst zu treten. Aber zur Beruhigung ängstlicher Gemüther mögen sie bestehen bleiben; sie schaden ja nichts, sie bringen ja Zinsen ein und warum sollte der Staat immer nur Zinsen zahlen, warum nicht auch Zinsen einnehmen?

Wie man nun auch über die Nothwendigkeit von Reserven nach Einführung des Circulationszwanges denken mag, das eine steht fest — an Mitteln solche zu bilden, wird es der Monopolverwaltung des Geldes nicht fehlen. Ferner steht fest, dass mit der staatlichen Controle der Geldcirculation durch den Circulationszwang der Bedarf an solchen Reserven auf wenige Procente der umlaufenden Geldmasse beschränkt bleiben wird.

Die Verwaltung des Geldmonopols.

Die Grundlage einer geordneten Geldverwaltung bildet eine sorgfältig geführte Waarenpreisstatistik zur Ermittelung des Durchschnittspreises der Waaren, denn dieser Durchschnittspreis kann allein den Maassstab für die Währung des Geldes geben. Mit der Ermittelung des Durchschnittspreises mittels der Statistik müssten also die Operationen der Geldverwaltung beginnen. Wie diese Statistik geführt werden soll, ist zu Beginn unserer Untersuchungen gesagt worden und es kann sich jetzt nur mehr darum handeln, wer sie führen soll. Bei der Wichtigkeit der Sache, bei dem Riesenmaasse der Interessen, die von der Führung dieser Statistik berührt werden, muss Garantie geboten werden, dass Privatinteressen die Führung der Statistik nicht beeinflussen. Vielleicht würde die Controle der Handelskammern diese Garantie am wirksamsten bieten, doch sind dies Fragen, die hier nicht erörtert zu werden brauchen.

Ist die Statistik organisirt, der Durchschnittspreis der Waaren ermittelt, so wird es Aufgabe der Monopolverwaltung sein zu verhindern, dass dieser Durchschnittspreis Schwankungen erleidet. Zu diesem Zwecke wird in regelmässigen Abständen (vielleicht alle Wochen) auf Grund der stets à jour gehaltenen Statistik der Durchschnittspreis neu ermittelt und durch Vergleich mit den vorhergegangenen Resultaten etwaige Abweichungen festgestellt.

Ist die Tendenz der Preise nach unten gerichtet, so wirft die Verwaltung neues Geld durch Ankauf von Werthen auf den Markt, bis dass die Baisse, dem Drucke grösserer Geldfülle nachgebend, in Hausse umschlägt.

Ist im Gegentheil die Richtung á la hausse, so zieht die Geldverwaltung durch Verkauf von Werthen allmälig und so lange Geld vom ′Markte ′zurück, bis dass in Folge solcher Drainage die Geldfülle verschwindet und die Preise anf ihr normales Niveau sinken.

Solche Käufe und Verkäufe könnten wohl am Besten in Auktionen stattfinden.

Das und die Instandhaltung des Papiergeldes, der Ersatz der zerrissenen und beschmuzten Briefe, die Verfolgung etwaiger Falschmünzer, wäre alles, was die Monopolverwaltung zu thun hätte. Eine Arbeit, deren materieller Theil durch ein Paar Dutzend Mann bewerkstelligt werden könnte.

Die Geldreform vom Standpunkt des Rechtes aus betrachtet.

Es war nicht der Wunsch eine neue Steuer zu erfinden, dem bedrängten Fiskus zu helfen, der uns den Gedanken der Geldreform suggerirte. Wir dachten während des ganzen Verlaufes unserer Untersuchungen nicht an Steuern, an den Fiskus, sondern wir suchten die Factoren, welche den Preis des Geldes bestimmen, wir suchten den Faden, der uns aus dem Labyrinth der heutigen Geldwirthschaft führen konnte. Wir dachten dabei nicht mehr an Steuern, wie wir an das Wetter dachten.

Dass das Ergebniss dieser Untersuchungen eine Reform des Geldes darstellt, welche nebenbei auch die Interessen des Fiskus berücksichtigt, konnten wir natürlich nicht voraussehen. Diese Nebenwirkung war völlig unbeabsichtigt und hat sie für uns auch nur die Bedeutung, welche etwa der gesunde Schlaf als Nebenwirkung harter Arbeit hat. Wir arbeiten nicht um zu schlafen, wir denken während der Arbeit auch nicht an den Schlaf, doch acceptiren wir gerne diese Nebenwirkung.

Bastiat hat in seinen „harmonies économiques" viel gutes Beweismaterial für die Ideen, die er verfechtete, gesammelt, aber einen treffenderen Beweis für den Zusammenhang zwischen Privat- und Gemeinwohl, wie ihn hier diese Interessen-Verbindung zwischen Verkehr und Fiskus bietet, hätte er unmöglich finden können.

Acceptiren wir daher auch diesen Beweis für die Harmonie wirthschaftlicher Interessen als eine neue Indicie für die Gesundheit der kaufmännischen Anschauungen, welche unsere Untersuchungen leiteten.

Uebrigens, was die Bedeutung dieser fiscalischen Nebenwirkung der Geldreform anbelangt, so tritt dieselbe ja ganz in den Hintergrund beim Vergleich mit den durchschlagenden Wirkungen, welche die Reform im Austausch der Güter, im Verkehr ausüben wird und wir kommen auf dieselbe hier nur zurück, um den Angriffen zu begegnen, welche man vom Standpunkte des Rechtes aus auf unsere Reformvorschläge etwa machen könnte.

Es wird nämlich nicht an Leuten fehlen, welche sich in ihren Rechten durch die Geldreform verletzt glauben werden, welche die Geldreform als ein Attentat auf das Privateigenthum bezeichnen werden. Diesen Leuten muss der Standpunkt klar gemacht werden.

Was ist das Geld? Heraus mit der Sprache! Ist das Geld eine staatliche Verkehrseinrichtung, so hat der Staat das Recht diese Verkehrseinrichtung den Bedürfnissen des Verkehrs anzupassen; er hat das Recht und die Pflicht das Geld zu formiren und zu reformiren, so oft die wechselnden ¨Bedürfnisse des Verkehrs es verlangen. Jede Reform ist berechtigt, so lange daraus Vortheile für den Verkehr erwartet werden können. Ist das Geld eine staatliche Verkehrseinrichtung, so müssen die Bedürfnisse des Verkehrs die Verwaltungsmassregeln diktiren; die Interessen der Geldbesitzer müssen vor den Interessen des Geldzweckes zurücktreten. Ist das Geld aber keine staatliche Verkehrseinrichtung, sind die Münzen Metallbarren im Sinne Chevaliers, dann sind die Eigenthumsrechte auf diese Münzen absolut, wie die Rechte eines Mannes auf seine Stiefel und eine Reform wie die projektirte könnte als Eingriff in Privatrechte bezeichnet werden. Hat aber der Staat keine Rechte auf meine Stiefel, so hat er in Folge dessen auch keine Pflichten diesen gegenüber und eine närrische Zumuthung wäre es, wenn ich dem Staate die Tragung der Reparaturkosten auferlegen wollte.

Wenn nun die Münzen absolutes Eigenthum der Besitzer vorstellen, wenn der Staat keine Rechte auf diese Münzen hat, ist es da nicht auch eine närrische Zumuthung, dass wir dem Staate die Reparaturkosten des im Verkehr sich verschleissenden Geldes auferlegen; dass wir vom Staate Entschädigung beanspruchen für die Verluste die aus der Entwerthung des Silbers erwachsen sind, dass wir vom Staate die kostenlose Prägung von Münzen verlangen? Keine Rechte, keine Pflichten; woher kommen nun alle diese Pflichten, wenn der Staat keine Rechte besitzen soll?

Geld ist nur denkbar unter staatlicher Controle; Geld kann nur existiren, wenn der Staat dessen Verwaltung in die Hand nimmt. Seinem ganzen Wesen nach ist das Geld staatlich und vom Standpunkt des Staatsinteresses, des Gemeinwohles muss daher das Geld verwaltet werden.

Uebrigens, selbst den Fall angenommen, dass das Geld absolutes Privateigenthum seiner Besitze vorstellen würde, dass die projektirte Geldreform zum einzigen Zweck hätte das Geld zu besteuern, dass es sich also nicht um eine Geldreform, sondern lediglich um eine Geldsteuer handelte so würde diese Steuer doch nicht mehr den Titel eines Attentats auf das Privateigenthum verdienen, wie etwa die Steuer auf Bier, Tabak, Spielkarten etc. Ist nicht auch das Bier absolutes Eigenthum seiner Besitzer? Trotzdem wird es besteuert. Mit welchem Rechte? Wohl mit dem Rechte das die Bedürfnisse der Staatskasse schaffen.

Ohne Steuern, keine Staatsverwaltung. Steuern sind nothwendig. Es kann sich nur um die Form, um das Objekt der Steuer handeln. Von einer guten Steuer verlangt man in erster Linie gleichmässige Vertheilung auf alle Schichten der Bevölkerug, Erhebung derselben ohne Verkehrsstörung und mit wenig Unkosten.

Mit Ausnahme dieser Geldsteuer, welche die projektirte Geldreform einschliesst, haben wir keine einzige Steuer, die diesen Bedingungen einer brauchbaren Steuer genügt. Sie wirken alle verkehrsstörend; sie verursachen alle viel Unkosten, sie bedürfen eines complicirten Controlapparates, sie vertheilen sich nicht gleichmässig auf die Bevölkerung. Die Besetzung der Grenzen mit einem dichten Kranz bewaffneter Steuerleute; die Controle des inneren Betriebes der Brauereien, Zuckersiedereien, Tabakspflanzungen etc.; die

Zahlung der Steuer allein von den Personen, die Tabak und Bier consumiren, liefern hierzu den Beweis.

Die Geldsteuer, in der Form wie sie die projektirte Geldreform verlangt, belebt den Verkehr statt ihn zu stören; sie erhebt sich selbst ohne Unkosten, ohne Beamte, ohne Controle, ohne Grenzwächter; sie fällt auf alle gleichmässig, d. h. im Verhältniss zum Geschäftsbetrieb. Es ist nicht möglich sich ihr zu entziehen; zu ihrem Schutze braucht man kein Pulver und Blei. Keine Züge brauchen angehalten zu werden; kein Gepäck untersucht. Sie erhebt sich selber. Sie bildet das Ideal einer Steuer, sie ist gerecht, ergiebig, frei von Unkosten und belebt obendrein den Verkehr.

Irgend Jemand hat einmal gesagt, dass wie der Schmetterling den Honig aus den Blüthen zieht ohne ein Merkmal davon zu hinterlassen, so müsste auch die Steuer erhoben werden ohne die Besteuerten zu belästigen. Und das trifft hier bei der Geldreform in merkwürdiger Vollkommenheit zu.

Die Wirkung der Geldreform.

Wir haben die Nothwendigkeit und Durchführbarkeit der Geldreform nachgewiesen und wollen jetzt suchen einen Einblick in die Verkehrsverhältnisse zu gewinnen, wie sie sich unter Einwirkung des Reformgeldes werden gestalten müssen.

Wir haben diese Wirkung in den Details bereits einzeln besprochen; doch ein volles, klares Bild von der Rasanz und Durchschlagskraft der Reform werden wir erst dann gewinnen, wenn wir das Gesagte im Zusammenhang uns noch einmal vorzustellen suchen.

A hat seine Erzeugnisse zu Markt gebracht und verkauft. Der Erlös besteht in einem Päckchen Reformgeld und in dessen Betrachtung versunken, hält er folgendes Selbstgespräch:

Das wäre also das Geld, welches von jetzt ab den Waarenaustausch zu vermitteln hat. Ziemlich dürftig und sparsam sieht dieses moderne Geld aus im Vergleich zu seinem Vorgänger, dem schönen, metallenen, glänzenden Golde. Doch was schadet das; am Gelde interessirt mich ja nur der Preis; das Geld ist ja nur eine Waare, die man zum Verkauf kauft und wenn es seinen Zweck erfüllt, was geht mich da sein Ansehen an. Im Gegentheil, je unscheinbarer dasselbe ist, desto leichter wird es mir werden mich wieder davon zu trennen. Uebrigens empfinde ich es als eine bedeutende Wohlthat, dass das Geld jetzt so wenig wiegt. Ich trage doch jetzt in der Tasche eine ziemlich bedeutende Summe ohne kaum etwas zu merken; in Gold, Silber Nickel und Kupfer umgewechselt würde mir das Tragen gewiss lästig werden. Es hat etwas für sich, dies nüchterne, moderne Papiergeld.

Aber dies ist ja doch nur von wenig Belang; die

Hauptsache ist und bleibt, dass es seinen Zweck erfüllt, dass es den Waarenaustausch erleichtert, dass es mir die Möglichkeit bietet meine Waaren auszutauschen, ohne viel Zeit dabei zu verlieren, ohne viel Handelsspesen bezahlen zu müssen. Und mir scheint, als ob das, was man diesem neuen Gelde nachsagt, auch zutrifft. Man sagt, dass es den Waarenaustausch beschleunigt, sichert und verbilligt. Glaub's schon; habe ich doch selbst zu meiner höchsten Ueberraschung heute die Beobachtung gemacht, dass die Nachfrage trotz des unangenehmen Wetters, trotz der Wolken am politischen Himmel nicht fehlte. Und wie höflich waren die Käufer; sie kamen mir sogar auf halbem Wege entgegen; von dem Hochmuth, der Sprödigkeit früherer Zeiten ist nichts mehr zu merken. Auch dies ist erklärlich, hat doch auch jetzt der Käufer ein dringendes Interesse daran, dass der Handel zu Stande komme. Glaub's gerne, dass der Güteraustausch dadurch verbilligt wird. Muss ich selbst nicht gleich sehen den Erlös meiner Waaren in andere Produkte umzusetzen und befreie ich durch den Kauf zu dem mich das Geld zwingt nicht einen anderen Producenten von der Last seiner Erzeugnisse? Hatte ich selbst nicht heute früh den Verkauf meiner Waaren demselben Kaufzwang zu verdanken. Kauf und Verkauf stehen ja in innigster Wechselwirkung zu einander. Der Zwang, dem der Käufer jetzt unterliegt, kommt direkt dem Verkäufer zu Statten und da der Producent Käufer und Verkäufer in einer Person ist, so kommt ihm der Kaufzwang beim Verkauf seiner Produkte zu Gute.

Einen Nachtheil bringt ihm also der Kaufzwang nicht, aber sehr viele Vortheile. Der Verkauf der Produkte wird beschleunigt, gesichert und dadurch auch verbilligt. Und dies kommt direkt und unvermittelt dem Producenten zu Gute, denn er, er ganz allein bezahlt ja die Handelsspesen, die der Verkauf seiner Produkte verursacht.

Ich habe jetzt für 100 Wertheinheiten Waaren erzeugt und verkauft, jetzt werde ich für ebensoviel Waare kaufen und nach Hause bringen müssen. Meine eigenen Erzeugnisse zwangen mich zum Verkauf, der

Gelderlös zwingt mich jetzt zum Kauf. Es bleibt mir nichts anderes übrig — ich muss jetzt genau so viel kaufen, als wie ich verkauft habe. Genau betrachtet ist dies ja auch vernünftig und eine Ungerechtigkeit liegt nicht in diesem Zwange, denn ich brachte meine Produkte doch nicht auf den Markt um Geld zu kaufen. Das Geld war für mich das Mittel, nicht der Zweck und das Mittel lieferte mir ja erst der Kaufzwang dem der Abnehmer meiner Waare unterworfen war. Ohne den Zwang, dem ich jetzt unterliege, wäre ja überhaupt nicht zu dem Gelde gekommen.

Früher allerdings genoss ich als Käufer das Privileg den Kauf nach Belieben und Gutdünken hinaus schieben zu können, aber was war die Folge? Hatte nicht jeder dies Privileg und zwang dieses Privileg des Käufers nicht den Verkäufer auf den Verkauf seiner Produkte zu warten, bis dass die unmittelbaren Bedürfnisse des Käufers diesen an seine Pflicht erinnerten?

Pflichten sind es, resp. sollten es sein, die man mit dem Gelde übernimmt, nämlich die Pflicht dieselben Vortheile, die man als Verkäufer genoss durch Kauf auf andere zu übertragen. Das Geld ist ja eine dem Gemeinwohle dienende Verkehrseinrichtung. Musste denn früher nicht jeder das Privileg, das er als Käufer genoss, beim Verkauf mit schweren Spesen bezahlen?

Jetzt bringe ich den vollen Erlös meiner Produkte in Form von Gütern aller Art nach Hause und speichere dieselben in einer Vorrathskammer auf. Und da ich meine eigenen Produkte durch den Kaufzwang dem jetzt jeder unterliegt sämmtlich verkaufen konnte, so werde ich meinen Laden zur Vorrathskammer machen. Statt Waaren werde ich Güter als Vorrath haben und dadurch die Sorgen und Unkosten, die mit dem Besitze von Waaren unzertrennlich sind, mit dem Sicherheitsgefühl tauschen, welches eine gut versehene Vorrathskammer giebt. Der Verkauf meiner Produkte war unsicher und ebenso die Einnahmen, die mir der Verkauf einbrachte. Der Ausbruch einer Krisis unterbrach den Verkauf und da ich wohl Waaren hatte, aber keine Vorräthe, so kam ich dabei in grosse

Noth. Jetzt habe ich die Waaren in Vorräthe umgewandelt, (dank der Wechselwirkung den der jetzige Kaufzwang auf Kauf und Verkauf ausübt) und kann ich jetzt irgend einem wirthschaftlichen Ereigniss sorgenlos entgegensehen.

Freilich, wenn mir früher zufälligerweise der Verkauf meiner Produkte gelang und ich den Erlös als Geld auf die Sparbank brachte, so warb dies Geld für mich Zinsen, während mir jetzt der Verkauf meiner Produkte zwar gesichert ist, aber wenn ich deren Erlös als Kapital anbiete, rückzahlbar auf kurze Kündigungsfrist, wer wird mir heute Zinsen zahlen? Und wenn ich den Erlös als Vorrath aufspeichere, so bringt er mir keine Zinsen ein, im Gegentheil, er schrumpft sogar täglich ein.

Aber wer musste denn eigentlich die Zinsen zahlen, welche die Sparbank früher vergütete? Werthe wachsen doch nicht, sie fallen doch nicht vom Himmel? Irgend Jemand zahlte diese Zinsen aus seiner Tasche und in Folge der Wechselwirkung in welcher die wirthschaftlichen Verhältnisse stehen, musste ich wahrscheinlich die Zinsen, die man mir bezahlte, plus Bankspesen bei meinen Einkäufen als allgemeine Handelsspesen wieder bezahlen.

Und was den Verlust anbetrifft, den mir meine Vorrathskammer verursacht, so bleibt zu erwägen, ob die Unkosten, welche mir früher aus dem Unterhalt meines Verkaufslokals erwuchsen, nicht doppelt, vielleicht dreimal so gross waren. Meine Vorrathskammer schliesse ich ab; ich brauche darin kein Licht, keine Wärter. Schaufenster sind nicht nöthig; ich brauche dazu nicht das beste Zimmer des Hauses. Als ich statt Vorräthe Waaren hatte, war ich ein Sklave derselben; musste den Waaren das schönste Zimmer einräumen, um die Kunden zu jeder Tag- und Nachtzeit zu empfangen. Keinen Augenblick Ruhe hatte ich am Tage; Pfennigweise war der Absatz, und dabei musste ich meine Kunden nicht als die Abnehmer von Aquivalenten, sondern als Wohlthäter betrachten.

Jetzt bringe ich meine Waaren auf den Markt und der existirende Kaufzwang schafft mir Absatz.

Der Kaufzwang giebt mir Sicherheit beim Verkauf meiner Produkte, er hebt mein Selbstgefühl. Es sind keine Gönner, keine Wohlthäter mehr mit denen ich unterhandle. Der Verkaufszwang, dem ich unterworfen bin, ist durch den Kaufzwang compensirt — der Verkäufer sieht im Käufer einen ebenbürtigen Gegner. Die Festung, worin sich der Käufer früher zurückziehen konnte, ist gebrochen und geschleift; Käufer und Verkäufer kämpfen jetzt mit gleichen Waffen; Aequivalente werden ausgetauscht.

Aber was die Sache noch besonders interessant macht, das ist der völlige Wegfall der Stundungen, der Verkäufe auf Credit. Ich werde jetzt immer baar bezahlt; Niemand kauft mehr auf Kredit, ich selbst habe ein direktes Intersse daran alles baar zu bezahlen. Ich werde dazu durch mein Geld angehalten. Habe ich mein Geld vergessen, so kehre ich nach Hause zurück um das Geld zu holen. Früher, da mich das Geld nicht drängte, liess ich es in solchen Fällen einfach -- anschreiben.

Aus Bequemlichkeit, um nicht Geld mit sich herumtragen zu müssen, aus reiner Trägheit liessen früher viele ihre Einkäufe anschreiben und in Folge der Wechselwirkung welche die wirthschaftlichen Verhältnisse ausüben, konnte ich meine Einkäufe nicht baar bezahlen. Eine unendliche Kette Buchungen war die Folge dieser Trägheit. Jetzt ist diese Trägheit überwunden. Seitdem Jeder ein Interesse daran hat sein Geld unterzubringen, seitdem das Geld selber die Aufgabe übernommen seinen Besitzer an die Erfüllung seiner Pflichten zu erinnern, seitdem Jeder den Verlust, der mit dem Besitze des Geldes untrennbar verbunden ist, auf andere abzuwälzen sucht, ist die Baarzahlung allgemein eingeführt, und weil Jeder baar bezahlt wird, kann auch Jeder baar zahlen. Die Kette der Zahlungen aus welcher die früheren Privilegien des Geldes ein Glied gerissen hatten, ist durch die Reform des Geldes zu einem vollkommenen Ringe wieder vereinigt werden. Die wirthschaftlichen Verhältnisse eines Jeden gewinnen dadurch ausserordentlich an Klarheit.

Was hat man doch früher nicht alles vorgeschlagen um die Uebelstände dieser Creditwirthschaft abzustellen — alles natürlich ohne Erfolg. Hatte man doch die Ursache dieser Creditwirthschaft nicht erkannt. Jetzt fällt uns diese so heiss ersehnte und unerreichbar scheinende Baarzahlung als gänzlich unbeabsichtigte Nebenwirkung dieser Geldreform von selber in den Schoos.

Der Kaufzwang, den der Verkauf jetzt auferlegt, räumt mit allen Waarenvorräthen auf. Jeder muss ja dem Markte genau so viel an Waaren entziehen, als wie er hineinwirft. Die Läden sind leer, was sie enthielten hat den Weg zu den Vorrathskammern der Bürger eingeschlagen. Die Waaren sind in Güter umgewandelt worden. Nur wenige Läden findet man noch; sie enthalten nur solche Waaren deren Bedarf unsicher, zufällig ist, Särge, Medicamente u. dgl. An sonstigen Waaren täglichen Gebrauchs ist in der Stadt nichts mehr zu sehen. Dieser Umstand zwingt mich für die Verproviantirung meiner Vorrathskammer rechtzeitig Umschau zu halten. Ich werde daher die Zufuhr nicht mehr dem Zufall überlassen, sondern alles was ich brauchen werde, im Voraus bestellen. Dies ist zwar eine Arbeit, die ich früher nicht kannte; aber werde ich durch die Wechselwirkung, in der alle wirthschaftlichen Verhältnisse stehen, nicht der viel unangenehmeren Arbeit enthoben im Voraus zu berechnen, was meine eigenen Kunden früher oder später gebrauchen werden? Bestellt Jeder seinen Bedarf im Voraus, so muss dadurch Jeder Producent mit festen Bestellungen versehen werden. Und ist das nicht auch ein Vortheil, sogar ein unschätzbarer Vortheil? Ich kann mich irren in der Abschätzung meiner eigenen Bedürfnisse, aber irrte ich mich nicht früher schwer und empfindlich bei der Abschätzung des Bedarfes meiner Kunden?

Ich habe meinen Bedarf an Waaren bestellen müssen, aber da Jeder dies thun muss, bin ich jetzt selber mit festen Aufträgen auf lange Zeit versehen und brauche ich mich nicht mehr nach den Bedürfnissen, dem Geschmack und Mitteln meiner Kundschaft zu erkundigen. Diese selbst unterrichtet mich darin. Und es ist besser so. Dadurch werde ich ja auch geschützt gegen das Risico der Preisschwankungen, welche Ueber- und Unterproduktion als Folge von Ueber- und Unterschätzung des wirklichen Bedarfes erzeugten. Mein ganzes Unternehmen und dasjenige aller Mitbürger gewinnt hierdurch ausserordentlich an Solidität.

Wie will heute noch Jemand speculiren? Womit? Käufliche Waarenvorräthe sind überhaupt nicht zu finden und die Vorrathskammern des Volkes sind auf lange Zeit verproviantirt. Aber selbst den Fall angenommen, dass mich Jemand durch hohe Preise zu verleiten suchte meine Vorräthe zu verkaufen, wie würde ich darauf eingehen können, ehe ich nicht wüsste, wo ich Ersatz finden kann. Denn das Geld, das er mir für meine Vorräthe anbietet, muss ich ja verkaufen, ich muss dasselbe in Waare umsetzen. Woher aber diese Waaren holen? Nein, Vorräthe sind nicht käuflich, mit ihnen kann kein Speculateur operiren. Und Waaren sind nicht da. Uebrigens wie könnte ein Mann das zu einer Speculation nöthige Geld sammeln? Schrumpft ihm das Geld nicht in den Händen schon zusammen, steht er mit dem Sammeln und Aufspeichern des Geldes nicht einem sicheren Verluste gegenüber, welcher in der Speculation ganz ohne Compensation bleibt? Die Geldreform entfernt das Speculationskapital aus dem Markte; der Markt bietet keinen Halt mehr für den Fuss des Speculateurs. Gebt mir einen Stützpunkt und ich hebe die Erde aus ihren Angeln, sagte Archimedes. Gebt mir Geld und ich werfe Euren ganzen Kram über den Haufen, sagte früher der Speculateur. Aber geben wir dem Speculateur heute Geld, er wird es drehen und von allen Seiten betrachten ohne den gesuchten Stützpunkt zu finden. Das Geld hat die Eigenschaften, die es zum Speculationsobject machten, verloren.

Der Kaufmann hat doch jetzt ein beneidenswerthes Dasein. Feste Bestellungen, Baarzahlung, keine Vorräthe, feste Preise, keine Speculation, kein Risico, keine Verluste, keine Lagerspesen, keine Zinsen, keine Miethe, keine Feuerversicherung, anständige, zuvorkommende, gleichberechtigte Kundschaft. Mich wundert's, dass heute nicht jeder Kaufmann wird. Aber halt! Richtet sich der Preis der kaufmännischen Arbeit nicht wie der Preis jeder anderen Arbeit nach der Intelligenz, Arbeit, Kenntnisse, Risico, Kapital die ihre Produktion erfordert? Muss der Preis der kaufmännischen Vermittelung des Waarenaustausches nicht zusammen abnehmen mit dem Maass von Fähigkeiten, welche dieselbe beansprucht? Was gehört denn heute noch dazu um Handel zu treiben? Tinte und Papier um die festen Bestellungen der Consumenten zu sammeln und diese den Producenten zu übermitteln, um den Ausgleich der Zahlungen zu bewirken. Er braucht kein Kapital, weil er baar bezahlt wird und kein Lager hält, er braucht keinen Laden und Ladenhüter, weil die Waaren von der Produktionsstätte direct zur Consumstätte wandern. Der Handel ist zum reinen Comissionsgeschäft geworden und pro mille wird jetzt der Verdienst gerechnet. Ein Kaufmann genügt wo früher fünfzig nicht ausreichten, denn auch das muss noch berücksichtigt werden, dass wenn früher nur jeder das Minimalquantum kaufte, jetzt Jeder die Waaren in grossen Posten kaufen muss. Das Detailliren, der Pfennigverkauf, wie er bis jetzt üblich war, verschwindet.

Selbstverständlich kommt diese Einschränkung der kaufmännischen Spesen und Profite jetzt dem Producenten zu Gute. Ist es doch in letzter Instanz der Producent, der alles bezahlt. Jetzt finde ich auch die Erklärung, warum ich jetzt für meine Produkte $^1/_3$ ja $^1/_2$ mehr Tauschobjecte erhalte als früher. Die Läden, die Kaufleute, die ich früher zu unterhalten hatte, sind ja jetzt verschwunden; die Speculanten, die sich auf meine Kosten bereicherten, existiren nicht mehr und dies muss sich doch direct an meinem Budget bemerkbar machen. Der Wachsthum im Wohlstand aller Producenten, der überall zu Tage tritt, ist er nicht ganz ebenso erklärlich? Wie ist nicht der allgemeine Wohlstand nach Erfindung der

Dampfkraft gewachsen? Nun gut -- ist nicht das neue Geld auch eine neue Kraft? Hat nicht diese neue Kraft die Schnelligkeit des Produktenaustausches verhundertfacht? Die Dampfkraft beschleunigte, verbilligte und sicherte den Gütertransport und bereicherte dadurch das Volk; die neue Handelskraft beschleunigt, sichert und verbilligt den Güteraustausch und muss dies nicht nothwendigerweise denselben Einfluss auf den Volkswohlstand ausüben? Die alten Landstrassen, mit den schwerfälligen Fahrzeugen consumirten an Transportspesen die Hälfte der Produkte; das schwerfällige Metallgeld führte die Waaren auf den Markt und es kostete die Hälfte derselben um sie aus diesem Sumpfe wieder herauszuziehen. Fünfzig Procent Lösegeld verlangte das Metallgeld. Es zog die Waaren wohl an, aber es liess sie nicht mehr los; jetzt zieht das Geld die Waaren auch an, aber es stösst sie sofort wieder ab. Die Waare musste früher das Geld aufsuchen; jetzt geht das Geld der Waare auf halbem Wege entgegen. Das Geld ist natürlicher, normaler, menschlicher geworden.

Welches wird unter der Herrschaft dieses Geldes wohl das Schicksal des Kapitals werden? Die Sicherheit des Waarenaustausches, der wachsende Wohlstand unter den Producenten in Folge der bedeutenden Einschränkung der Handelsspesen, des Wegfalles der Speculation können natürlich nicht ohne Rückwirkung auf das Kapital bleiben. Das Kapital muss sich jetzt mit Riesenschritten vermehren. Es war doch verschleudertes Kapital, verschleudertes Nationalvermögen, was in Handelsspesen, Wirthschaftskrisen, Speculation verausgabt wurde. Eine jährliche ungeheure Summe die dem Kapital des Landes jetzt einverleibt wird, und dies kann nicht ohne Einfluss auf den Zinsfuss bleiben.

Die jetzige Ergiebigkeit meiner Arbeit wird mir in kürzester Zeit meine Vorrathskammern füllen und dann werde ich in Verlegenheit kommen, was ich mit meinen Ueberschüssen anfangen soll. Denn die Ansammlung von Vorräthen hat ihre Grenzen. Es wird mir dann nichts anderes übrig bleiben, als diese

Ueberschüsse zu kapitalisiren. Aber wird dies nicht auch der Fall mit allen übrigen Producenten sein? Werden nicht alle, oder wenigstens sehr viele jetzt ihr Kapital vermehren, muss nicht dadurch das Kapital rapid wachsen? Wenn erst Jeder mit Vorräthen gesättigt ist, wird er daran gehen seine Produktionsmittel zu verbessern. Die Vorräthe, das mobile Kapital, wird fixirt werden. Statt Bestellungen auf Waaren, auf Vorräthe zu geben, werden die Producenten Bestellungen auf Kapital geben. Der Tischler wird Maschinen bestellen, der Bauer wird seine Viehheerde verbessern, sein Haus verschönern, seine Kinder veredeln.

Aber wenn Jeder seine Productionsmitttel verbessert, so wächst ja dadurch wieder der Wohlstand, der Kapitalreichthum und der Moment muss eintreten, wo Jeder nicht allein mit Vorräthen, sondern auch mit Kapital gesättigt sein wird. Dann kommt der Moment, wo das Kapital zu Markte getragen wird, wo man für das Kapital Abnehmer suchen wird, wo Angebot und Bedarf an Kapital auf dem Markte sich ausgleichen werden, wo man von Ueberproduktion an Kapital sprechen wird. Ueberproduktion an Kapital wohlverstanden! keine Ueberproduktion an Waaren. Und eine Ueberproduktion an Kapital führt zum Wegfall des Zinses, wenigstens für das mobile Kapital.

Der Zusammenhang ist einfach. Die jetzt durch die Geldreform ermöglichte Kapitalisirung der früheren chronischen Ueberproduktion an Waaren, zusammen mit der Verbilligung und Sicherung des Waarenaustausches; der ruhige, durch keine Krisis mehr unterbrochene Geschäftsgang muss mit zwingender Macht zur Vermehrung des Kapitals führen und das Kapital kann nicht vermehrt werden, ohne dass der Zinsfuss darunter leidet.

Denn was kann ich mit dem Erlös meiner Produkte machen? Ich kann sie in meinen Vorrathskammern wohl aufspeichern, kann sie auch meinen Produktionsmitteln einverleiben, aber beides hat ziemlich enggezogene Grenzen. Vorräthe lassen sich aus bekannten Gründen nicht über einen gewissen Zeitraum hinaus aufspeichern und mehr als ein bestimmtes Quantum Kapital kann ich auch nicht nutzbringend beschäftigen. Ich muss somit etwaigen Ueberschuss zu Markt tragen und dort als Kapital anbieten. In welcher Form ich dies Kapital jetzt auch besitze, als Geld oder als Gut — ich muss es anbieten. Das Kapital selbst zwingt mich dazu, denn unterlasse ich die Unterbringung dieses Kapitals, so erleide ich einen Verlust — nicht Zinsverlust allein, sondern Verlust am Kapital, da das Kapital ob in Gütern (Produkten) ob in Geld angelegt, täglich an Werth einbüsst. Es liegt auf der Hand, dass das Kapital unter derartigen Verhältnissen viel von seiner Sprödigkeit einbüssen wird und der Fall ist sogar denkbar, dass der Kapitalist froh sein wird, sein Kapital ohne Zinsvergütung unterbringen zu können. Was will denn z. B. ein Bauer machen, der seine Scheunen gefüllt hat, der für die Bewirthschaftung seines Gutes alles besitzt was er dazu braucht und nun einen Ueberschuss an Ernteerzeugnissen zu Markte bringt? Was kann er mit dem Erlös anfangen? Als Geld nach Hause getragen, erleidet er Verluste, als Gut für seine Vorrathskammern auch. Der einzige Weg der offen bleibt um sich vor solchen Verlusten zu retten, ist die Unterbringung als Kapital und diese Anlage der Ueberschüsse bleibt auch dann noch vortheilhaft, sehr vortheilhaft, wenn das Kapital keine Zinsen trägt. Wie machten es die Menschen denn zur Zeit wo es überhaupt noch kein Geld gab? Waren sie nicht froh ihre Ueberschüsse unter der Bedingung verleihen zu können, dass ihnen der Weizen, die Kartoffeln etc. über Jahr und Tag in frischer Qualität zurückerstattet würden? Sie thaten solches nicht aus Humanität; sie thaten es einfach weil sie dabei gewannen, denn hätten sie ihre Ueberschüsse aufgespeichert, so hätten sie am Ende des Jahres einen bedeutenden Verlust zu verzeichnen gehabt. Vor diesem Verluste schützte die Verleihung der Ueberschüsse als Kapital.

Dies schliesst freilich nicht die Möglichkeit aus, dass das Kapital zu Zeiten wohl auch direkt Zinsen eintrug, denn wenn in Folge von Trägheit, Verschwendung, Krieg und Fehlernten das Kapital zusammenschrumpfte und der Bedarf grösser war als das Angebot, dann konnte auch der Kapitalist einen besseren Preis erzielen als einfache Zurückerstattung. Aber wenn dieser Fall möglich war, so muss auch der entgegengesetzte möglich gewesen sein; nämlich, dass in Folge guter Ernten, Erfindung neuer Produktionsmethoden, gesicherten Friedens und Fleisses der Bevölkerung die Erzeugung von Kapital solche Dimensionen erreichte, dass unter dem Drucke der Kapitalfülle der Zinfuss auf und unter 0 sank. Denn auch unter solchen Verhältnissen hatte der Kapitalist ein Interesse daran sein Kapital unterzubringen. That er es nicht, so erlitt er ja am Kapital selbst einen Verlust und hatte obendrein noch die Lasten, seinen Besitz aufbewahren zu müssen.

Aber freilich solche Fälle sind nur unter der Voraussetzung denkbar, dass die Producenten mit dem Fallen des Zinsfusses auch die Arbeit einstellen. Träfe dies zu, wäre der Zins der einzige Grund weshalb der Mensch spart und Kapital sammelt, so könnte es allerdings niemals zu einem Ausgleich zwischen Nachfrage und Angebot auf den Kapitalmarkt kommen.

Anm. Bei den alten Juden, Griechen und Römern war das Zinsnehmen gesetzlich verboten und gesellschaftlich verpönt. Dies scheint darauf hinzuweisen, dass es einmal eine Zeit gegeben hat, wo das Kapital keinen Zins abwarf. Ob nun diese Zeit ihren Abschluss fand mit der Einführung des Metallgeldes? Könnte dies geschichtlich nachgewiesen werden, dann wäre auch damit ein Beweis geliefert, dass der Zins nicht Bedingung für die Kapitalbildung ist.

Nur die Erfahrung wird diese Frage beantworten können, wenngleich man annehmen kann, dass der Wunsch, sich für den Fall der Noth zu sichern und die alten Tage ohne Arbeit verbringen zu können, bei der Mehrzahl intensiv genug sein wird auch unter solchen Bedingungen zu sparen. Dies umso eher als die Sicherheit, Billigkeit und Schnelligkeit des Waarenaustausches das Sparen ermöglichen und ausserordentlich erleichtern werden. Wenn früher dem Producenten 50 % seiner Erzeugnisse als Handelsspesen abgezogen wurden, wenn dazu noch ein grosser Theil der Produktion, als Ueberproduktion an Waaren, nicht kapitalisirt werden konnte, wenn Wirthschaftskrisen jeden Augenblick einsetzten, die der Producent nur durch Benutzung seiner Sparmittel überbrücken konnte, wenn überhaupt an Produkten durchschnittlich nur so viel verkauft wurde, als zum direkten Lebensunterhalt nöthig war — dann allerdings musste sich Jeder das, was er ersparte von dem was zum direkten Lebensunterhalt nöthig war, so zu sagen am Munde absparen und die frühere spärliche Kapitalbildung wird hiermit allein schon genügend erklärt. Denn das Kapital repräsentirte das Produkt aussergewöhnlicher Energie, Entsagungsmuthes und grosser leiblicher Opfer; aber gerade weil es so war, blieb auch die Kapitalbildung ewig hinter dem Kapitalbedarf zurück; gerade weil das Sparen peinliche Opfer auferlegte, wurde das Opfer mit dem Zins gekrönt.

Jetzt kann Jeder sparen; es gehört dazu kein Entsagungsmuth und Energie mehr und drum wird auch das Kapital an Masse rapid wachsen.

Wenn aber der Zinsfuss unter dem Drucke wachsender Kapitalfülle sinkt, wenn sogar der völlige Wegfall des Zinses (für die Abschaffung der Rente wird ja jetzt schon gearbeitet) in den Bereich der Möglichkeit tritt; dann scheint mir damit die Lösung einer ganzen Reihe weiterer sozialen Fragen gefunden zu sein.

Soziale Frage! Analisirt man diesen Begriff, so findet man, dass er sich zusammenstellt aus sehr vielen Fragen unter welchen die Handelsspesen und der Zins neben der Sicherheit des Waarenaustausches (Recht auf Arbeit) die Hauptrolle spielen.

Und auf die Lösung dieser Hauptfragen zielt die Geldreform.

www.ingramcontent.com/pod-product-compliance
Lightning Source LLC
Chambersburg PA
CBHW020916230426
43666CB00008B/1472